普天之下・盡是好書
普天出版家族
Popular Press Family
凌雲
A-Plus Creative Company
文創

越不如意，越要管好情緒

manage your emotions

先處理好**心情**，
再處理遭遇的**事情**

文蔚然 編著

法國文豪巴爾札克曾經寫道：

「因為情緒而行事，莽撞草率會毀壞自己，應該讓心情冷靜下來，讓自己的頭腦更加清醒。」

現實生活中隨時會有意外降臨，人生路程也難免遭遇不如意的事情。面對不如己意的事情，千萬不要受到憤怒、嫉妒、仇恨……等負面情緒影響，必須管好這些只會壞事的負面情緒，先處理好自己的心情，再心平氣和處理遭遇到的事情。

【出版序】

先處理好心情，再處理事情

文 蔚然

每個人都有一顆聰明的腦袋，只要我們願意換個心情，願意讓思路多轉幾個彎，都能讓自己有更寬闊的出路。

現代人在爲自己爭取權利的時候，已經太習慣用直接批判來爭取，更習慣用高亢情緒來抗爭，然而一如我們常見的情況，或許很快地得到了回應，但最後卻也造成了人與人之間對立與情感的破裂。

詩人紀伯倫曾說：「你過得是否幸福，並不是以什麼事發生在你身上來做決定，而在於你用什麼心情看待這些事情。」

同樣一件事情，用不同的心情去面對，最後所得出來的結果，通常會大相逕庭。心情是決定事情成功與否的重要關鍵，心情一旦轉變，事情就會朝不一

樣的面向發展。遭遇失敗、挫折、痛苦的時候，要試著調整自己的心境。想要心想事成，就必須轉換面對環境的心情。

有一次，詩人但丁出席一場由威尼斯執政官所舉行的宴會，會場上的餐點都是由服務生一份又一份地送到參與者的餐桌上。

但很明顯地，這場由官方舉辦的宴會仍然有著階級上的差別待遇，因爲當服務生送來一盤盤魚的時候，但丁發現，在義大利各邦交使節桌上的煎魚又大又肥，而來到自己面前的卻是一隻隻很小很小的魚。

對此，但丁並沒有表示抗議，不過也沒有挾起魚來吃，而是將餐盤裡的小魚一條又一條拿了起來，接著還將它們湊近自己的耳朵，似乎正在聆聽什麼似地。接著，他又將小魚一一放回盤裡，並滿臉肅穆地看著眼前的魚兒們。

這時，執政官看見了但丁的舉動，上前詢問：「你在做什麼？」

但丁大聲地說：「喔，也沒什麼，我有位朋友幾年前去逝了，當時我們以

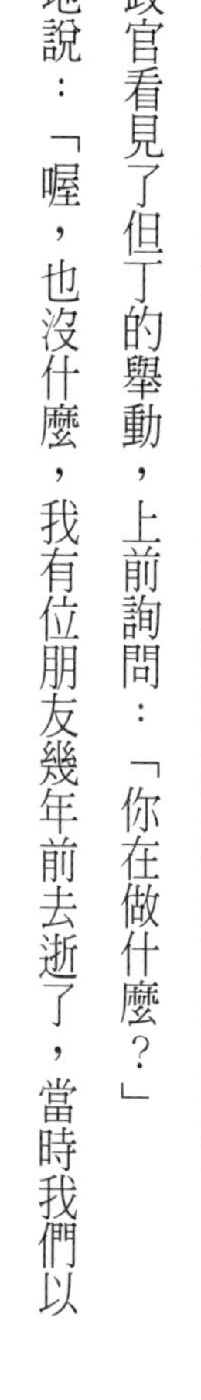

海葬的方式送他。因爲我很想念他，不知道他現在的遺體是否還在，所以我問問這些小魚們，知不知道他的情況。」

執政官信以爲眞，又繼續追問：「那小魚們說了些什麼？」

但丁說：「嗯，它們說：『因爲我還很小，對於過去的事知道得不多，你不如向同桌的大魚們打聽一下，也許消息會多一些。』」

執政官聽見但丁說「向同桌的大魚打聽」時，恍然大悟地大笑了一聲，然後他說：「是，是，是，我明白了！」

不久，詩人面前便端上了一條全桌最肥美的煎魚。

法國文豪巴爾札克曾經寫道：「因為情緒而行事，莽撞草率會毀壞自己，應該讓心情冷靜下來，讓自己的頭腦更加清醒。」

面對不如己意的事情，千萬不要受到負面情緒影響，必須管好這些只會壞事的負面情緒，先處理好自己的心情，再心平氣和處理遭遇到的事情。

看著但丁絕妙地用「小魚的經歷」來表示抗議，以擬人與隱喻的方式埋怨盤中的魚身太小，確實輕巧地避開了主辦單位怠慢客人的尷尬，這個充滿幽默感的表現方式，確實讓人會心一笑。

換做是你，面對他人的不合理待遇時，是否會像但丁一般，在表達自己的不滿情緒時，也能顧及別人的感受呢？

想避免生活中的衝突與對立，改變心情是絕對必要的，當強調個性化的時代來臨時，不是直言不諱就不會產生誤解，也不是大膽直接就一定能清清楚楚地將問題解決。很多時候，正因爲太過直接，因爲缺乏待人的關懷或體貼，反而會衍生出更多不必要的怨懟與誤會。

但丁的這則軼事告訴我們，其實每個人都有一顆聰明的腦袋，只要我們願意換個心情，願意讓思路多轉幾個彎，都能想出借用「小魚與大魚的出生經歷」的幽默隱喻，讓自己有更寬闊的出路。

•本書是《換個心情，就能心想事成》全新修訂版，謹此說明

【PART 2】

面對困境，要懂得自我肯定

沒有人可以一帆風順，一時的失意算不了什麼，那不過是生活中的一個小經歷，他人的否定始終都贏不了我對自己的肯定。

【PART 3】以變通的思維找出成功的機會

面對失敗，要以變通的思維去規劃自己的未來，只要心中的信心未減，好好地實踐自己的致勝概念，機會絕對會俯拾可得。

【PART 4】面對批評，不必忿忿不平

聽見批評時，不是停下來觀望，而是繼續前進，並不斷地修正與補強，如此才能從「你是錯的」進步到「你是最好的」。

【PART5】成功只有途徑，沒有捷徑

「肯付出，不怕辛苦！」這幾乎是所有成功者踏出第一步後的重要寫照，因為他們堅持相信：「有付出就一定會有收穫！」

Manage your emotions

【PART 6】垂頭喪氣，如何找出生機？

不要把時間浪費在抱怨的情緒中，那不僅會讓人更加迷失，還會讓人越來越失去信心，在關鍵時候放棄自己。

【PART7】

積極等待人生的轉捩點

最壞的時候也會是最好的時刻，當人人退縮不前時，只要我們能積極前進，自然能搶得先機。

【PART 8】

樂觀與悲觀只在轉念之間

悲觀的人總是在開心時忘了如何微笑，而樂觀的人卻總能在不開心時重現笑容。

【PART9】

消極訊息會讓人失去活力

面對消極負面的訊息時，如果我們能用積極正面的態度去解讀，那麼再多的否定話語，也無法消減我們的生命活力。

「PART 10」

唯唯諾諾只會喪失自我

只會唯唯諾諾的人，很多時候只在意自己的私利，甚至也常常會為了一己之私，而犧牲大多數人的利益。

1. PART

用微笑面對別人的嘲笑

面對別人的嘲笑，

輕鬆地自我解嘲比惱羞成怒

更能展現我們的包容力和成熟度。

改變想法，人生才有不同的活法

一旦你下定決心要好好對待自己，就會去尋求對自己有益處的想法，也會有力量去抗拒那些拉你往下沉淪的陰暗思想。

許多你以爲厄運臨頭的倒楣時刻，其實都是生命的轉彎處。你可以選擇走進一條自怨自艾的小巷子，也可以轉往一個不被挫折擊倒的大馬路。

只有改變你的想法，人生才有不同的活法。多去看看壞事中美好的那一面，不是對那個傷害你的人好，而是對自己好。

據說，家喻戶曉的大發明家愛迪生童年的生活十分困苦，爲了賺點零用錢，愛迪生經常在火車上兜售糖果、點心和報紙。

一次，他在火車上販賣報紙之時，一個狠心的車站管理員粗暴地打了他一巴掌，打壞了愛迪生的耳朵，從此，愛迪生成了聾子。

雖然這是一件令人遺憾的悲劇，但是愛迪生反而笑著說：「我眞得感謝那位打壞我耳朵的先生，在這個嘈雜的世界上，是他使我清靜下來，不必戴著耳塞去做實驗了。」

如果是你被人打聾了耳朵，會有何感受？你會報復、自憐、憂傷、忿忿不平？還是接受事實，努力去看事情好的一面？

世界上沒有人想做聾子，當然愛迪生也不例外。當他從一個健全的人變得有殘缺、聽不見之後，心裡不可能沒有遺憾、沒有哀傷，但是，他卻選擇去看事情美善的一面，把磨難看作恩賜，讓自己重新快樂起來。

有些人會說：「我也想要像愛迪生一樣的樂觀啊，但是我就是做不到！」

那是因爲，你並沒有決心要對自己好。

你希望別人對你好，希望得到別人的關心，希望壞事不要發生在你身上，但是卻沒有全心全意對自己好。

對你好，不是別人的責任，不是老天爺的責任，而是你自己的責任。

一旦你下定決心要好好對待自己，就會去尋求對自己有益處的想法，也會有力量去抗拒那些拉你往下沉淪的陰暗思想。

用微笑面對別人的嘲笑

面對別人的嘲笑，輕鬆地自我解嘲比惱羞成怒更能展現我們的包容力和成熟度。

聽見嘲笑聲，大方地微笑以對吧！

能夠看淡人們情緒性的嘲笑與辱罵，不僅更能表現出我們的肚量，也更能在別人脫序的情緒中，爲自己空出冷靜的思考空間，並領先他們一步。

美國總統福特在大學時期曾是橄欖球隊的一員，愛好運動的他，六十二歲

入主白宮時，身材看起來仍然十分挺拔且活力四射。

一九七五年，福特到奧地利訪問時發生了一個小意外，那天他從飛機的旋梯走下來時，不小心被絆倒了。只見他雙腳一滑，忽然跌倒在跑道上，所幸身體硬朗的福特很快地便跳了起來，表示他沒事。

沒想到，記者們竟將這件事當笑話新聞來處理，甚至還有人開始傳說，福特總統不僅行動不靈敏，而且笨手笨腳的。

從這次意外開始，每次福特總統一有意外發生，便會被人們誇大渲染，到了後來，甚至他什麼事也沒發生，也要被記者們嘲笑一番，像哥倫比亞廣播公司便曾這麼報導：「我們一直等待著總統再次撞傷或扭傷，這類新聞才能吸引更多的讀者！」

更有電視節目的主持人故意模仿總統的滑跤動作，不過這一次卻引來總統府新聞秘書聶森的抗議，他憤怒地對記者說：「福特總統是位十分健康且優雅的人，他可是歷年來身體最好一位總統啊！」

後來福特聽說這件事，便笑著對記者們說：「我是個喜歡活動的人，當然比任何人都容易跌跤囉！」

有一天，他在記者協會上與著名主持人蔡斯同台，節目開始時，蔡斯先出場，只見他模仿著福特總統出現的神情，忽然，他像被東西絆住了，咚的一聲跌坐在地板上，接著又整個人滑向了另一方。

台下觀衆一看，都知道蔡斯故意在模仿總統，由於非常逼眞，全忍不住捧腹大笑了起來，連福特總統本人也被逗笑了。

輪到福特總統出場時，沒想到意外又發生了，因爲他的衣角被桌子勾住了，接著他雙手高舉，桌上的杯盤與稿紙等全都掉到了地上。

觀衆一看，以爲福特總統也是故意搞笑的，於是現場又是一陣哄堂大笑。福特總統則瀟灑地擺了擺手，微笑地對蔡斯說：「蔡斯先生，您果然是位專業的演員！」

現實生活中隨時會有意外降臨，人生路程也難免遭遇不如意的事情，千萬

不要受到憤怒、嫉妒、仇恨……等負面情緒影響。

面對別人惡意的嘲笑，輕鬆地自我解嘲，遠比惱羞成怒更能展現我們的包容力和成熟度。

無論是因爲自己的不足，或是因爲出錯而引來人們的嘲笑，聰明的人都會用幽默回應。因爲，不管對方是有意還是無意的笑鬧，最後也只是想看著我們「惱羞成怒」，然後在情緒的激化下，我們會做出另一個更令人忍不住想捧腹大笑的幼稚行爲。

這是人際交往中最常發生的事，當然也曾經在我們身上發生，仔細地回憶一下，當相同的事情發生在我們身上時，是憤怒比較能掙回面子，還是微笑的姿態更能擄獲人心呢？

不要讓自己成為別人的困擾

要多注意自己的言行舉止，因為，當我們帶給別人不方便或麻煩時，我們也為自己帶來了許多困擾。

如果不希望別人成爲我們的困擾，那麼，我們應當先自我反省，要求自己不要成爲別人的麻煩。

凡事從自己做起，然後我們才有資格要求或糾正他人的錯誤，唯有秉持著這樣的態度，人與人之間才能永享和平共處的時刻。

有六個年輕人相約一塊搭火車旅行,還請售票員讓他們坐在同一車廂內。六個人當中,有五個人全都安靜地休息著,但是第六個年輕人卻相當不安分,非但不肯安安靜靜地坐在位子上,還故意喧鬧打擾其他乘客的安寧,朋友們怎麼勸他都不聽。

終於,讓他們熬到了目的地,其他五個年輕人全急急忙忙地下車,似乎想立即拋下那個惱人的朋友,絲毫不管那個年輕人很辛苦地,獨自一人提著兩個沉重的皮箱下車。

年輕人好不容易將行李搬下車,並往站台內走去。

就在他走了好長一段路後,突然在他身後傳來了一個聲音,那是一位對他十分不滿的乘客所發出的聲音:「你把一件東西留在車廂裡了!」

這位乘客一說完,便將窗戶關上,年輕人聽見有人通知他東西遺漏了,連忙提著兩個沉甸甸的皮箱往回跑。

但是,他實在太累了,根本趕不及上車拿取,火車便啓動了,著急的他連忙呼喊道:「我留了什麼東西啊?」

火車開動了，這時車窗再次被打開，那位乘客並沒有探出頭，他用力地朝著窗外喊道：「是一個極壞的印象！」

團體裡不管成員複雜還是簡單，總會有害群之馬，我們不必急著批評別人，而要先反省自己是不是別人的困擾來源。

生活上，我們確實要多注意自己的言行舉止，因爲，當我們帶給別人不方便或麻煩時，同時我們也爲自己帶來了許多困擾，就像故事中那位製造麻煩的年輕人，最後獨自一人辛苦地提著笨重的行李，沒有人願意幫忙外，朋友們也迅速避開且放棄了他。

其實，在人群之中，我們很難去掌控別人，正因爲集衆人之力也不見得能掌控他人，最後我們只好反過來要求自己，並清楚地告訴自己：「凡事都要謹守自己本份。」只要我們能守住這個原則，自然能避開任何人際上的衝突或處事時的對立情況了。

情緒與衝動是失敗的重要幫手

個性較為衝動的人容易用情緒來處理事情，且在缺乏冷靜或理性的思考情況下，失敗的機率也往往超乎想像。

證嚴法師曾說：「凡事能以沈著的心來思考，就不會累積嗔怒的情緒，也就不會因一時衝動而鑄成大錯，後悔莫及。」

不妨仔細回想一下，每當我們衝動地表現出情緒化的言行之後，在我們心中出現的，是舒坦還是懊悔？

巴頓將軍是第二次大戰期間最著名的美軍將領，雖然他以作戰大膽出奇而爲人稱道，但性格上的衝動，卻差點釀成大禍，影響自己的軍事生涯。

在西西里戰役中，有一天，巴頓來到一所野戰醫院探望受傷的士兵，當他環顧著醫院滿滿的士兵，忽然瞥見有個士兵正坐在包紮所旁的一個置物箱上。於是，巴頓親切地上前問他：「孩子，你生病了嗎？」

士兵一副苦瓜臉地說：「沒有，我只是受不了。」

巴頓不是很明白地問：「爲什麼受不了？」

士兵有些激動地說：「我受不了再當砲灰了。」

士兵一邊說一邊流淚，但是眼淚卻沒有引來巴頓的同情與安慰。

他聽到士兵竟然當場埋怨了起來，十分憤怒地斥責著：「你還以爲自己是在當小差啊？」

巴頓將軍一說完話，竟給了這個士兵一記耳光，接著又說：「你現在立即給我歸隊，好好地做個堂堂正正的男子漢！」

很快地，巴頓毆打士兵的消息便傳開了，由於他這個舉動觸犯了相關的軍

規法律，身爲將軍的他知法犯法，對軍心士氣影響甚巨，而且這恐怕會令將軍與士兵之間的溝通出現危機。

當時，美國國會議員與多位政府官員都提出建言，要求中央將巴頓召回國，並交由軍事法庭審理。

面對一時衝動所引來的風波，巴頓冷靜思考後，對自己的行爲感到十分後悔，他說：「我現在還蒙受著這個打人的恥辱，我感覺就像被關在囚牢裡；除非我能創造一個功業，來彌補並證明我自己。」

巴頓對自己有了一番深省，再加上艾森豪威爾將軍非常肯定巴頓的能力，努力地爲巴頓辯解，終於讓他免去了上軍事法庭受審的命運。

繼續留任歐洲的巴頓，最後以消滅法西斯的戰果，證明了自己的能力。

有位科技公司的總經理曾說：「在情緒性的反應下所做的決定或行為，通常缺乏縝密的思考，因此很容易產生錯誤的判斷與選擇。」

個性較爲衝動的人容易用情緒來處理事情，且在缺乏冷靜或理性的思考情況下，失敗的機率也往往超乎想像。

巴頓將軍的一時衝動所引發的後續效應，如果當時他不願自省並承認錯誤，恐怕連艾森豪將軍也幫不了忙的。

因此，「及時悔改」，是所有因爲一時情緒而犯錯的人，在事情發生後第一件必須做的事。因爲，那不只是爲了獲得對方的原諒，更是給自己一個台階下的最好方式。

忍耐不代表一味地退縮

當巨浪朝著我們襲擊而來時，正面迎擊，不僅能避免被巨浪淹沒的危機，還能乘著高漲的浪潮來到高處。

「忍耐」是門相當高明的生活藝術，在進退之間，何時該進，何時該退，全看我們能否正確無誤地捉住進退之間的律動。

那不僅能維護我們的自身利益，更能讓雙方在正確的進退步伐中，取得更有利於彼此的平衡點。

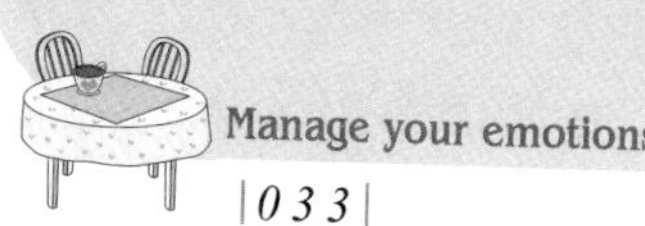

拿破崙在地中海的科西嘉島上出生，由於科西嘉島是個很偏僻的地方，島上的居民的生活情況普遍不佳，拿破崙的家境也不例外。

到了拿破崙十歲那年，一家人的生活更爲窘迫，不得不離鄉背井，爭取進入免費招生的巴黎布里恩納軍事學校讀書，這是分攤家計的另一種方法。操著科西嘉口音的拿破崙，不僅身上的衣物破舊，而且看起來渾身地鄉巴佬模樣，令軍校裡的許多貴族公子們非常瞧不起。

然而，經常受到同儕欺負的拿破崙卻隱忍不發，因爲他想：「我好不容易爭取到機會，不可以因爲一時意氣，而喪失眼前的一切。」

於是，拿破崙幾乎每天都被嘲諷聲包圍，許多貴族公子們一天到晚對著他裝臭臉，甚至向他吐口水，或罵他「臭鄉巴佬兒」。

但是，一個人的忍耐限度是有限的，一旦情緒被塡滿了，終究會滿溢出來。這天又被羞辱的拿破崙，看著眼前張牙舞爪的同齡年輕人，心想：「如果我繼續再忍氣吞聲，恐怕不是個男子漢的作爲。」

雖然他心中這麼想著，並也沒有立即反攻，反而又按捺了自己的衝動，又

想：「那我該怎麼辦呢？他們這麼多人，我要先攻擊誰呢？」

於是，處事冷靜的拿破崙，仔細琢磨了四天後，終於想出了一個出奇制勝的「作戰計劃」。他決定先把其中幾位最風光體面的傢伙，狠狠地教訓一頓，那些小跟班肯定要嚇破膽，不敢再蠢動。

這天，當那群貴公子們再次挑釁時，拿破崙忽然像頭暴怒的小雄獅般，猛地抓住了一個貴族的小外甥，接著更對準了他的肚子，狠狠地砸了一拳。

只見那個貴族子弟疼得叫喊了好幾聲後，接著就倒地不起，而那些小跟班們見狀，全都慌亂了手腳。他們平時的氣焰不見了，一看見情勢不對，紛紛轉頭就走，扔下他們的頭兒。

拿破崙這一招果然很靈，從此，軍校裡的貴公子們再也不敢招惹這位科西嘉來的「鄉下佬」了。

忍耐並不是一味地退讓，就像故事中的拿破崙一樣，如果當年他只是一味

地逃避退縮，任人宰割，今天的史書上恐怕就不會出現拿破崙三個字了。

平凡的你我不也如此？過度的隱忍其實容易造成逃避退縮的心理！或許有人要問：「那麼，我們在什麼情況下不必再忍呢？」

其實，反擊的時機點很好把握，只要我們發現自己的鬥志在不斷的忍讓中慢慢消散，或是當對方過度地侵犯到我們的根本利益時，就是做出最適當的反擊時機了。

「忍一時」的確能得到風平浪靜，然而當風浪無視於我們的隱忍，仍然捲起了當巨浪朝著我們襲擊而來時，正面迎擊不僅能避免被巨浪淹沒的危機，還能乘著高漲的浪潮來到高處，接受人們的仰望。

接受批評才能精益求精

能聽見批評的人是幸福的，因為那不僅能讓你即時發現錯誤，即時改正，更能讓你比別人早一步踏上完美人生的階梯。

成功者必須面對的批評聲，往往比尋常人多上好幾倍，而他們包容接納的胸襟，也往往比我們寬上好幾倍。

究其原因，他們總是只有一個理由：「因為我不是完人，免不了會有缺點，所以我必須仔細聆聽人們的批評聲音。」

爲協商脫離英國獨立的北美十三個殖民地代表們，正齊聚在會議室裡，他們一致推舉富蘭克林、傑弗遜和亞當斯負責起草一份宣言，執筆者則由才華洋溢的傑弗遜所擔任。

只是自負文采過人的傑弗遜，很不喜歡人們對他有所批評。

所以，將《獨立宣言》草稿送給委員會審核時，與起草人一同坐在會議室外等待時，傑弗遜便顯得焦慮不安。

時間不知道過了多久，一直等不到消息的傑弗遜，似乎等得有點不耐煩，忽然站了起來，接著便在原地來回地踱步。

坐在他身邊的富蘭克林，看著傑弗遜的焦躁不安，忍不住拍了拍傑弗遜的背，接著還講了一個年輕友人的故事來開導他。

富蘭克林說，他的這個朋友原本是個帽店的學徒，三年學習期滿之後，便決定要自己開一間帽子專賣店。

首先，他親自設計了一個店面招牌，上面寫著「約翰·湯普森帽店，現金販售約翰製作的各式禮帽」，而文字的下面則畫了一頂帽子。

就在準備請人依樣製作招之前，約翰把設計草稿拿給朋友們看：「你們有沒有什麼意見？」

第一個朋友看了看，認眞地批評道：「你應該把『帽店』刪除，因爲那是多餘的。」

第二位朋友看了，也直接批評說：「約翰，你應該把『約翰製作的』省略，因爲顧客們不會太在意帽子是誰製作的，只要商品質量好、樣式好看，他們自然會購買了。」

第三位朋友看了則說：「去掉『現金』兩個字吧！在我們這裡，很少有人會賒帳！」

於是，幾經刪除之後，設計圖上的文字已經相當精簡，只剩下「約翰．湯普森販售各式禮帽」與手繪的帽子圖。

「販售各式禮帽？」最後一位朋友看了之後，對餘下的幾個字也提出了疑惑。他說：「約翰，『販售』這個字是多餘的，因爲沒有人會指望你送帽子給他啊！」

於是，約翰將「販售」一詞刪除，然後又仔細地看著剩下的幾個字，最後把「各式禮帽」也刪了，因爲他想：「下面已經畫了一頂帽子啊！」

就這樣，約翰的帽子店終於開張了，招牌掛出來時，上面醒目地寫著「約翰．湯普森」幾個大字，下面則是一頂新潮的禮帽圖樣，對於這個簡單明瞭的招牌，每位進門的顧客們無不稱讚有加。

聽完了這個故事，原本自負且焦躁不安的傑弗遜漸漸地平靜了下來，向富蘭克林點了點頭，表示明白了。

終於，《獨立宣言》草案在衆人們精心推敲、修改後完美撰成，如今更成爲全世界的人們傳頌不朽的民主宣言。

聽見別人的批評，你都如何因應？是怒目相向，是反唇相譏，還是虛心接受並默默反省呢？

從富蘭克林用來安撫傑弗遜的小故事中，我們可以看見「去蕪存菁」的過

程，經過一步又一步的刪除，帽子店的招牌不僅越來越明確、清晰，也越來越具有廣告宣傳的吸引力和效果，一如美國獨立宣言草稿般。

沒有人一出手便是完美的，能集眾智總是比單打獨鬥更能把握住成功的第一時機，所以，當傑弗遜明白富蘭克林的勸諫後，不僅明白了團結力量的好處，也更懂得接納批評後，自己將擁有的進步空間有多寬廣。

所以，有人說：「能聽見批評的人是幸福的，因為那不僅能讓你及時發現錯誤，及時改正，更能讓你比別人早一步踏上完美人生的階梯。」

找對觀望角度，就能看見幸福

沒有人能真正地達到完美，但我們卻可以在不足中擁有滿足，只要我們捉對了人生的觀望角度。

當我們擁有得越多，我們便會對生活有越多要求，然後忘了知足快樂的簡單追求，也忘了支持生活快樂的連結點，那個永遠存在你我心中，通往快樂幸福的彩虹橋。

人生不可能沒有失意煩惱，要學會轉換心情看事情，才不至於讓負面情緒困擾。否則，只會讓自己陷入痛苦和折磨之中。

克里絲汀是許多人羨慕的對象，擁有一個完美家庭的她，也擁有著人人羨慕的年輕活力與智慧。

許多朋友很喜歡與她一同外出，因爲外形搶眼的她，無論在什麼樣的場合中，總是人們注目的焦點，鄰桌的男士會頻頻投以關注的眼神，鄰桌女姓會看著她開始竊竊私語。總之，有了克里絲汀的陪伴感覺很特別，因爲她讓許多朋友們都沾光。

但是令人難以想像的是，當克里絲汀將一個人視爲莫逆時，她便會開始向她講述她悲慘的生活，像是爲了減肥而跳凌波舞，或是爲了保持體形而不斷努力，最終卻演變成厭食症等等。

朋友們聽到她這麼說時，無不吃驚得目瞪口呆，特別是當她認眞地說：「我一直覺得自己長得又胖又醜，沒有人愛我！」

即使朋友們眞誠地說：「妳想太多了，所有人對妳的容貌與好運氣，可是

相當羨慕呢！只要能像妳一樣擁有這一切，無論要付出多少，我們都願意。」克里絲汀聽了友人的話後，也會搖了搖頭說：「算了，這些安慰話我聽多了，謝謝妳的安慰，不過那對我來說於事無補。」

總之，越是肯定她是個幸運且幸福的女子，克里絲汀就越加反駁。沒有人知道克里絲汀希望得到怎樣的滿足，他們唯一可以確定的是，無論現在擁有了多少人人羨慕的生活，她始終都不覺滿足。

生活不需要完美，因爲太過完美的日子，會讓人失去生活的鬥志。

曾演過超人的克里斯托夫．瑞維斯，在一場表演意外中受傷，出院後，他辛苦撐著摔斷的脖子，並充感激地對著鏡頭說：「感謝上帝留下了我這條命，因爲祂讓我知道，我可以去做些眞正有意義的事，像是爲殘障朋友們提供更好的服務等。」

因爲生命有缺，所以我們知道要補足其中的不完美處，因爲我們知道自己

的人生有缺，所以聰明的人懂得知足與珍惜，而不會像克里絲汀一般，在人人羨慕的完美中，爲了顧及完美而失去了開放的心胸。

現實生活中，我們看見許多和克里絲汀一樣的人們，老是爲了腹部的一小層脂肪而苦惱不已，或是惱怒無法完美的自己與人生，每天糾結著心情，卻只是爲了這類芝麻綠豆的小事，會不會很好笑呢？

不必羨慕別人的完美，也不必追求絕對的完美。

沒有人能眞正地達到完美，但我們卻可以在不足中擁有滿足；開朗的心情要靠我們自己建立，因爲，只要我們捉對了人生的觀望角度，自能在綿綿細雨中看見心中渴盼的那道彩虹。

開口不代表就一定要說話

當我們準備高談闊論時，先仔細想想，接下來的話語是否妥當，如果仍然是一段口水爭論，那麼還是學著把話吞回去吧！

幽默作家馬克吐溫在《傻瓜威爾遜的日曆》上曾經諷刺地寫道：「人在尷尬的場合，緊急的場合或絕望的場合，褻瀆之言便會脫口而出，這一點甚至連信徒都不例外。」

其實，張開口，我們不一定要大聲說話，有時候也可以是一個用來化解紛爭的咧嘴笑容。

相同的，閉上嘴巴，也不一定是因爲退縮，有時候只是爲了避免言語的衝

突越演越烈。

卡爾文．柯立芝是美國第三十任總統，傳記作家指出，看似政績平平的他，其實是位頗富特色的人。

一九二四年，柯立芝以壓倒性的優勢擊敗了民主黨候選人，登上了總統寶座，當時他的競選口號是：「冷靜，柯立芝！」

自從入主白宮以後，柯立芝將搖椅放在前門迴廊，夜晚時分，經常坐在那兒抽雪茄與思考。

曾經有人評批他：「在總統生涯裡，他所做的最大功績，就是比任何一個總統都睡得多。多睡少說的情況下，他把自己包覆在高尚的沉默中，而雙腳則靠在桌上，打發著一天又一天的懶散日子。」

也因此，人們後來還爲他取了一個「沉默卡爾文」的綽號。

大選那年，在一場記者上，一開始便有人問他：「關於這次競選，不知道

你有什麼話要說嗎？」

「沒有。」柯立芝搖了搖頭回答。

另一位記者又問：「那麼，你要不要談談目前的世界局勢？」

「不！」柯立芝依舊搖了搖頭。

另一家報社記者則問：「那關於禁酒令的消息，你有什麼看法？」

「沒有。」柯立芝始終都不願給予回應。

當記者們失望地準備離開前，柯立芝忽然又叫住了他們，接著嚴肅地說：「記住，你們不可以隨便引用我的話。」

結束了加利福尼亞州競選之旅，柯立芝準備返回華盛頓時，隨身採訪的記者們問他：「您有什麼話要對美國人民說嗎？」

柯立芝先是楞了一會兒，接著只說「再見」便結束了。

對於這樣簡短的回應與訴說，柯立芝一直都有自己的見解，有一次他對友人說：「我知道自己該怎樣應付這種場面，如果你什麼也不說，就不會有人要你重複回應。」

然而他的行爲和態度，卻被名記者門肯評道：「在美國總統的記錄上，他幾乎是空白的，沒有什麼人記得他做過什麼事或說過什麼話。」

其實，門肯判斷錯了，因爲柯立芝後來說過的很多話，如今都成了美國人民的名言警句。

像是當他擔任馬薩諸塞州州長時，面對波士頓警察的罷工行動，他所留下的這段評論，便成爲日後人們記憶深刻的柯立芝語錄：「不論在任何地方或任何時候，我們都沒有權力舉行反對公共安全的罷工運動。」

正因爲這番堅持公權力的話語，讓他的名字散佈美國的各個角落，且進一步讓他成爲日後當選總統最有效的宣傳。

俗話說：「話多不如話少，話少不如話好。」

我們從故事看見，柯立芝徹底地實踐也享有了這句俗話的好處。正因爲懂得「說得好又不如說得巧」道理，所以柯立芝不談世界的多變，也不隨意批評

禁酒政令。這不只是身爲一個公衆人物應有的謹慎，更因爲他知道，自己的地位和名聲對世人有著一定的影響力，也會是人們信仰的目標，所以他要謹守「惜話如金」的原則。

這是身爲美國總統的柯立芝的謹慎，就像他曾說過的一句名言：「如果我們能保持冷靜地坐下來，那麼我們生活上有五分之四的困難都會消失。」

爲了避免不必要的對立與誤解，何不學學柯立芝的行動表現？當我們準備高談闊論時，還是先仔細想想，接下來的話語是否妥當，如果說出口的話語仍然是一段口水爭論，那麼還是學著把話呑回去吧！

不要用情緒看待問題

當本位主義高漲的時候，當情義無法做出正確且公正的判斷時，法理始終是維護你我公義的唯一評審。

身處法治國家，我們不僅要努力地追求法治，更要懂得遵守。律法是死的，人是活的，法律是否能真正地維護大多數人的利益，終究得靠你我對法治有正確認知，並在完全遵重的法治精神下靈活運用。

貞觀年間，唐太宗爲了廣納人才，朝廷展開了大規模的拔擢人才活動。

然而，由於這項活動規模宏大，以致傳出有混水摸魚的投機者，企圖謊報官階和資歷以謀取晉升的機會。

這個傳言不久也傳進了唐太宗的耳中，令他十分震怒，於是下令：「若有人因此而升官，請立即自首，否則一經查出必定處死。」

過了不久，一個謊報資歷的人被調查了出來，大理寺根據當時的國家法律，只將這個人判處「流放」。

很快地，這個審判結果傳到了唐太宗耳裡，他立即召來大理寺少卿戴胄，質問：「你難道不知道，我已經召告天下，不自首的人要處以死刑嗎？爲什麼你只判他流放？那不是向天下人表示，我所說的話都不算數嗎？」

戴胄回答：「皇上，如果您當時決定殺了他，微臣便無法可管，然而，您既然決定要交給大理寺處理，微臣便不能違背法律。」

這樣的答覆，唐太宗並不滿意，接著又問：「那就是說，你要遵守國家法律，而讓我背負了失信於民的承諾？」

戴胄說：「啓稟皇上，法律才是國家用以取信於民的保證，國家的信用才

是最重要的信用，微臣認爲，當時您只是一時發怒而下了這道命令，後來您也知道那麼做似有不妥，所以才會將他交給大理寺處理，不是嗎？您忍小怒而保持大信用的態度，臣等認爲非常可貴，所以我們很小心謹愼地處理，最終判以此刑。」

聽完戴胄的一番話，唐太宗點了點頭說：「嗯，我的確執法有誤，好在你能夠糾正我。」

於是，唐太宗收回成命，並公告天下：「一切尊重大理寺的判決！」

從唐太宗與戴胄的處事過程與互動中，說明了無論問題多麼重大，都有正反面向，在非常情況下也有評定的依據，不能因情緒而忘記要遵守法律。

之所以要如此堅持，是爲了儘量避免任何誤判的可能，如果戴胄當時爲了迎合唐太宗的情緒而定下了處死的判決，那不僅將損傷清明的政風與公正律法的建立，還會讓大理寺失去了公正性，更有可能讓唐太宗自負的廉明形象，從

此受到質疑與批判。

於是，爲了避免「情緒」上的錯判，法律確實是維護社會公正的重要依據，特別是在人情無法管治或協調談和時，我們便得從律法中尋找方法，用以維護合乎大衆的正義與公平。

然後，我們也明白了戴胄的堅持，更懂得聰明皇帝的尊重，這則故事不僅讚揚了唐太宗的賢明，更提供了現代人一個正確的指引：「當本位主義高漲的時候，當情義無法做出正確且公正的判斷時，或是想避免被過度的個人情緒操控的時候，法理始終是維護你我公義的唯一評審。」

2 PART

面對困境，要懂得自我肯定

沒有人可以一帆風順，一時的失意算不了什麼，
那不過是生活中的一個小經歷，
他人的否定始終都贏不了我對自己的肯定。

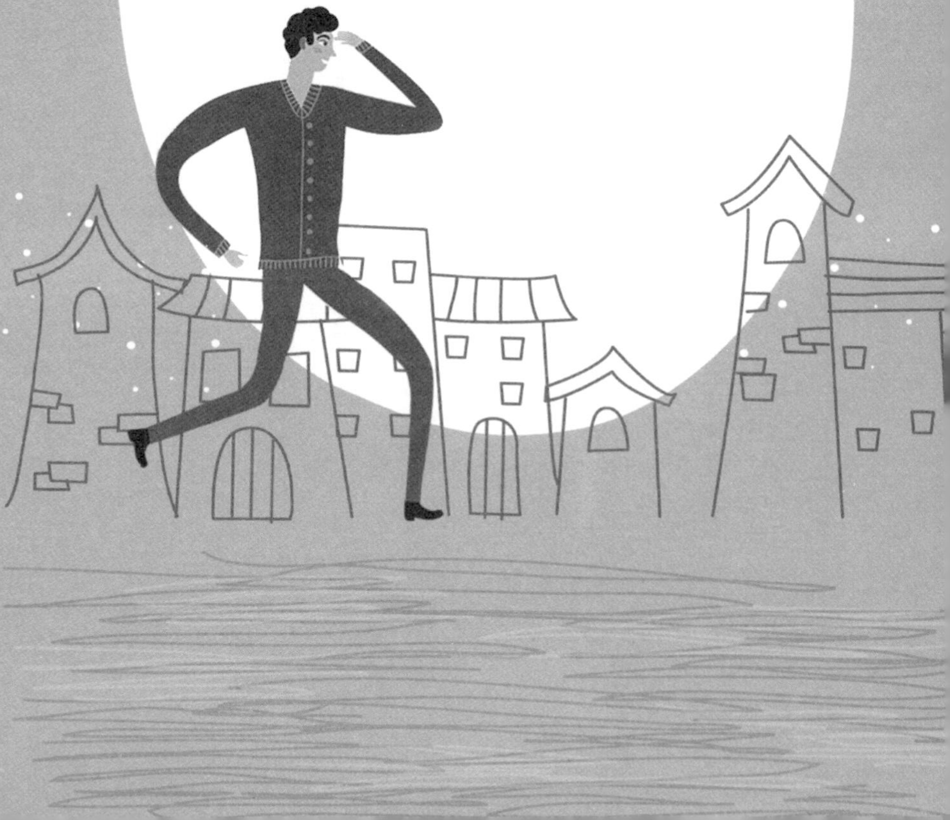

面對困境，要懂得自我肯定

沒有人可以一帆風順，一時的失意算不了什麼，那不過是生活中的一個小經歷，他人的否定始終都贏不了我對自己的肯定。

每當我們跌倒的時候，總是急於尋找別人的安慰，然而，面對困境的時候，如果不懂得改變自己的想法，就算有再多的安慰，又能改變多少既定的事實，獲得自己想要的成功呢？

思想大師史賓諾莎曾經寫道：「一個人被情緒支配，行為便沒有自主權，只會讓自己被命運宰割。」

人的思緒往往受到情緒左右，負面情緒則會改變週遭的氣場，導致事情朝

負面的方向發展。因此，處理事情之前，必須先處理好自己的心情，越不如意，越要管好自己的情緒。

史蒂夫．賈伯斯在二十二歲時便創建了蘋果電腦公司，接者又獨步全球，研製出了麥金塔電腦。

二十九歲時，史蒂夫．賈伯斯已經是全球聞名的電腦公司總裁，不僅是個經營奇才，更是世界級的富豪。

但好景不長，就在他如日中天的時刻，好運似乎已用光了，在一九八五年的第二季財務報表中，公司首次出現了赤字。不久，他更因爲在一場董事會中與經營精英意見相左，而遭到董事會解僱，其中還包括他一手扶植的麥金塔部門的工作。

賈伯斯萬萬沒有想到，他親手培育成功的蘋果公司，居然會這樣對待他，一氣之下賣掉手中的所有股權，離開了蘋果公司。

那天一回家，他便癱在沙發椅上，一幕幕艱辛的創業場景，不斷地湧現，原本應當是美好的回憶，如今全成了烈火，燒得他渾身是傷。

迷迷糊糊之中，賈伯斯竟然發現自己不知不覺地走到了伊甸園，還看見了正在散步的「上帝」。

一看見上帝，賈伯斯連忙滿腹委屈地哭喊道：「上帝啊，爲什麼我會遭受如此不公平的待遇？」

上帝沒有回答他的困惑，卻說起他自己這些年來的遭遇：「史蒂夫啊！自從我創造世界的那一天開始，我便受到許許多多被我創造出來的人們，沒完沒了的評點與指責，相信這個情況你很清楚。像是被人稱爲十九世紀最了不起的哲學家尼采，不就說：『上帝已死』，而米丘爾·德·烏娜姆諾則批評：『上帝變了』？更讓人難以容忍的是，保羅·沙特居然說：『人是眞正的上帝』，如此否定我的言論，居然還讓他拿下諾貝爾獎。面對這些情況，我還告訴你什麼？連我口授的聖經，也讓許多人批評得一無是處，和我比較之後，你想想，還有誰的冤屈會比我大？況且你們的冤屈還有處伸張，可是我的冤屈能到哪兒

申訴？」

史蒂夫．賈伯斯聽完上帝的話，滿臉羞愧，連忙想找地方躲避。

「砰！」史蒂夫跌坐在地上。

「原來是做夢啊！」

清醒後的史蒂夫，沒有忘記夢裡的故事，雖然是一場夢，但是夢裡乾坤他卻深有所感，從那一刻開始，他開始反省。

不久，他成立了自己的公司，對於員工們不再過分苛求，並努力學習經營之道，更學會了與他人合作、分享。

一九八九年，他買下了Pixar動畫電影公司，並引進最新的電子技術，他用「〇」和「一」畫出來的玩具，第一次讓迪士尼世界的那隻獨霸天下的「米老鼠」深感威脅。

一九九七年，蘋果公司在瀕臨倒閉之際，再次想起了賈伯斯，而成功重新振作的賈伯斯不計前怨，也接受了舊公司的重託，肩負起振作蘋果的重責大任。

他先是進行了一系列的改革，之後更與勁敵微軟公司握手言和，締結了「世紀

之盟」。很快地，在死亡漩渦中掙扎的蘋果再復活，這一切都要歸功於賈伯斯的那場夢。

看著賈伯斯的夢，其實我們也看出那其實只是一個簡單夢境。那是陷入困境中的賈伯斯給自己的一個心理暗示，也是一股在他的潛意識裡不肯服輸的堅強力量。

試著重新詮釋這個夢境，我們會得到這樣的一個啓示：「沒有人可以一帆風順，即使是人人精神寄託所在的上帝，也會有被人質疑的時候。一時的失意算不了什麼，那不過是生活中的一個小經歷，別人的否定始終都贏不了我們對自己的肯定。」

處在困境中的你，是否也得到了賈伯斯給予的這份暗示呢？

把握當下，才能創造未來

無論昨日成功或失敗，並無法預測你明天是成功還是失敗，因為生活只有當下，人生也只有現在和未來。

回想昨日你所做錯的事，或是尚未完成的任務，對你來說，這個回想的動作會讓你充滿快樂，還是悔恨？

固執於僵硬想法的時候，煩惱與失敗挫折就會出現。必須把僵化的想法從腦中除去，如果你不適時改變自己的思路，就會找不著出路。

挪威船王阿特勒．耶伯生在三十一歲時，繼承了父親的船公司，從那天開始，他也正式展開經商之路。

經過十幾年的艱苦奮鬥，耶伯生的公司從原本只有七艘船的小公司，慢慢發展到擁有九十艘船的大型公司，此外，他還進軍世界各地的油田、工廠，甚至在其他各種不同產業中也有大量投資。

有人試探性地問他：「你現在到底有多少財產？」

耶伯生搖了搖頭說：「其實，我也不太清楚，我唯一比較清楚的是，投注的保險金額大約有五十七億克朗。」

其實，耶伯生是個頗具遠見的生意人，當初接下父親的所有事業時，他發現，其中的油船產業似乎沒有什麼發展空間，所以在接管一年之後，便果斷地賣掉了油船，並退出運油的行列。

耶伯生對合作夥伴說：「想在航運業有一番作爲，以目前的情況並不容易，因爲這家公司沒有實力，操控權其實是掌握在石油大亨們的手中。我仔細評估後認爲，如果把大部分的本錢全押在兩三艘大油船上，實在是件很冒險的

事，對此我沒有十足的把握。」

當耶伯生一退出運油行業後，便迅速將資金轉投資在散裝貨輪的運輸上，並與工業部門簽訂了長期的運輸合約。

一切如耶伯生所預測，就在他將油船脫手後，石油運輸的投資家在七〇年代中期連遭厄運打擊時，他卻穩如泰山，絲毫無損。

在握有長期合約的基礎上，耶伯生踏實經營，慢慢地增置了六千噸至六萬噸的散裝船，開始爲大企業運輸鋼鐵產品和其他散裝原料，也積累了雄厚的資本與成就光芒。

耶伯生經常說：「想發展挪威的航運業，必須朝向世界，不該把眼光逗留在國內的航運中。」

提及自己的成功經驗，他說：「你必須堅決走出去，才能看見未來，而不是一直沉緬於過去，或自限於過去的保守或成就中。要用觀察力和判斷力看見明天，看見哪裡有可利用的資本，或需要運送的貨物，那麼你就往哪裡去，而這就是我成功的關鍵。」

從耶伯生的經驗來看，能果決地前進，自然而然能看見夢想的未來，一旦態度守舊，故步自封，再好的機會也無法掌握在手。

站立在生活的高處，你看見的是自己腳下的小草，還是放眼望去的寬闊花海？不要一直沉緬在過去的成功或失敗之中，生活也不要有太多的回望，因爲時間從不會倒轉。

用正確的心態面對生活中的過去、現在和當下，過去的已經過去，無論昨日成功或失敗，並無法預測你明天是成功還是失敗，因爲生活只有當下，人生也只有現在和未來。

所以，我們要積極地往前航行，一如故事中的啓示：「果決前進，不要把眼光停滯在目前，因為明天很快就要成為過去，一旦過去了，我們便要少掉掌握一天的好時機。」

商機來自獨特的創意

在諸多兵家必爭的機會裡，我們要如何才能獨占鰲頭，便要靠著獨特的創意，能看見別人沒有看見的商機。

追逐風潮是一件很危險的事，當你手中拿出來的競爭產品和別人沒有兩樣時，我們可以預知的是，你將和其他的人平分一塊餅，甚至有時候可能連一小塊都分不到。

人若是不適時改變自己的觀念和想法，只知道墨守成規，無異於把自己侷限於老舊的思維之中，無法適應環境和世事的變化，只會陷於困境的泥淖裡，永遠找不到自己新的出路。

一九八一年，英國王子查爾斯與黛安娜準備在倫敦舉行婚禮，據說這場婚禮將耗資十億英鎊。

消息傳開後，倫敦城內及英國各地的工商企業家，無不絞盡腦汁，希望能利用這個千載難逢的好機會大發利市。有人想出了在糖果盒上，印下王子和王妃的婚紗照片，也有人決定將婚紗照印製於紀念服裝上。

不過，當許多人把腦筋花在觀光紀念物品時，有位老闆卻別具慧眼，想出了「小望遠鏡」的商品。

爲了想出這個與衆不同的東西，他努力思考著：「嗯，只要知道人們最需要的東西，那便是最賺錢的了，我一定要找出最賺錢的物品來，但是，什麼才是人們最需要的東西呢？在這盛大的新婚典禮上，我能做些什麼，才能讓所有人都感興趣呢？」

這天，他來到觀禮現場，走在觀衆區，開始想像當盛典開始時，廣場上一

定擠滿了百萬以上的人，而且其中將有一大半的人，會因爲距離太遠，而無法一睹王妃的風采與典禮盛況。

他思索著：「在這個情況下，人們此刻最需要的，是一枚紀念章或一盒印有王子和王妃照片的糖果嗎？還是，能夠讓他們清楚看見王子和王妃的廬山眞面目，以及這場世紀婚禮的場面呢？」

「望遠鏡！」這位老闆的腦子裡忽然閃過了這三個字。於是，他即時生產了九十萬副小望遠鏡，並在婚禮當天提早來到會場販售。

那一天，正當成千上萬的人由於距離太遠，看不清王妃的麗容和典禮盛況，而急得跳腳時，突然，有許多小販出現在人群之中，並高喊著：「望遠鏡啊！一英鎊一個，花費一英鎊看婚禮盛典，絕對値得啊！快來買望遠鏡，這場世紀婚禮可是千載難逢啊！」

當望遠鏡的叫賣聲忽然響起，頃刻間，幾十萬副望遠鏡被搶購一空，而這位精明的老闆便在極短的時間裡大發一筆。

所謂的熱門，正意味著萬衆矚目，就像是一場NBA球賽、一位重量級男高音的演唱會，總是會吸引衆人的目光。也由於它們是萬衆所矚目，所以在這些熱門事情發展的同時，許多人都會努力地抓住這些千載難逢的機會，希望能能搭著這樣千載難逢的機會，讓自己點石成金。

只是，由於事件本身具有一定的時效性，一旦事件結束，熱潮也立即退去，所以，想要藉著這類機會爲自己創造財富，就不能有一絲一毫的遲疑，更不能墨守成規。

於是，在諸多兵家必爭的機會裡，我們要如何才能獨占鰲頭，便要靠著獨特的創意，能看見別人沒有看見的商機，一如故事中的老闆。

巧妙行銷，就能引領風騷

真正的獨特創意就在我們的腦袋裡，無論別人怎麼抄襲，我們始終都有自己的思維，有自己的創意角度。

社會的流行風潮在哪裡，我們就朝哪裡前進，然而，絕對不是跟著別人所指引的方向前進，而是應該由我們自己來吹動這股流行的風帆。

路德華剛剛購入了一批新上市的布料，爲了招攬顧客，他把這款最新的花色擺在最顯眼的位置。

但不知道是什麼原因，這塊上好布料居然無人問津，眼看一年就要過去了，這批布料居然一塊也沒有賣出，全積壓在貨架上。

路德華沉思了很久，終於讓他想出一個好辦法。

在新春園遊會快要到來的前夕，他走訪了當地社交界最有名的幾位貴婦，向她們推銷這款最新的布料，還誇口說：「請相信我，這個花色將是今年園遊會上最流行的一款。」

幾位貴婦仔細聆聽路德華的吹捧，不禁大為心動，其中一位還是知名的盧貝克公司總裁的夫人。

舌燦蓮花的路德華，沒幾分鐘便讓幾個貴婦全都下了訂單，準備製作一套套時裝，好在園遊會上展現她們的時尚品味。

在園遊會開始的那天，當地社交界最負盛名的幾位貴婦，都穿上了最新款的春裝，由於花色確實相當突出，當她們聚在一起時顯得十分搶眼。

頓時間，現場上千名婦女的目光，全都聚集到她們的身上，並對她們的服裝讚嘆不已。

這時，擠在人群中的路德華連忙上前，並不停地在人群中穿梭，目的是向來參加園遊會的夫人小姐傳遞精美的名片卡。

因爲上面除了店名與地址外，還寫著：「尊貴的夫人、小姐，祝妳們遊園快樂！我很榮幸地要向各位推薦，眼前幾位貴賓所穿著的新衣料，敝店有售，歡迎撥冗惠顧！」

這個宣傳招式果然絕妙，路德華巧妙的行銷手法，一下子便引來人們的興趣。每天他店門一開，來購買這款布料的人，可說是絡繹不絕，最後還造成了這款布料嚴重缺貨。

頗有創意的路德華，由於行銷有術，不久便得到盧貝克公司總裁薩耶的賞識，不僅聘請他爲公司服務，不久還讓他坐上了總經理的位子。

所謂的名牌設計品，說穿了只不過是一種獨特的商業包裝與宣傳手法，然而，也正因爲這樣獨樹一格的創意表現，讓人們不知不覺地被吸引，甚至更進

一步地，讓人們對流行品味的認知失去了自主權。

那麼希望能引領風騷的你，能怎樣突破？

聽聽路德華怎麼說：「用一點巧思，懂一點人們的心理需求，然後我們便能輕易地抓住眾人的目光。」

因爲，眞正的獨特創意就在我們的腦袋裡，無論別人怎麼抄襲，我們始終都有自己的思維，有自己的創意角度。只要我們肯花心思，能多觀察人們的心理需要，新的流行時尚就會在我們的手中發生。

好奇，就是進步的原動力

少了好奇心，自然而然也會少了探索的勇氣，缺乏好奇心的人，通常都比較安於現狀，即使發現自己開始在原地踏步。

好奇是進步的動力，保持著「好奇心」，我們才能看見不斷進步的世界，也才能看見不斷前進的生命力。

一九二一年，印度科學家拉曼乘坐著輪船，正準備取道地中海返回國內。當他走到甲板上欣賞大海，忽然聽到一對印度母子的對話。

「媽媽，這大海叫什麼名字？」

「地中海！」男孩的媽媽親切地回答。

但是，小男孩仍然不解地問道：「爲什麼叫地中海？」

母親笑著說：「因爲她夾在歐亞大陸和非洲大陸之間啊！」

小男孩輕輕地點了點頭，然後看著大海，忽然又問媽媽：「那，爲什麼海水是藍色的呢？」

男孩的母親一時語塞，東張西望，似乎想找人幫忙，這時她的求助目光正巧遇上了拉曼。

拉曼上前，詳細地告訴男孩：「海水之所以會呈現藍色，那是因爲它反射了天空的顏色。」

這是當時科學界的唯一解釋，但是，當拉曼在告別了那一對母子後，不知道爲什麼，在他的心中卻產生了懷疑，就像充滿好奇的小孩，「爲什麼」三個字竟源源不斷地湧現。

原來，身爲一位訓練有素的科學家，拉曼忽然發現，在不知不覺中，他已

經失去了像小男孩一般，那種在「已知」中繼續追求「未知」的好奇心。

失去好奇心，是科學發現與發展的最大忌諱，即使已是頗有成就的科學家，一旦失去了好奇心，便會因此變得閉目塞聽，止步不前。

此刻，拉曼發現體內的「好奇」細胞再次活躍了起來，而且他決定從「海水為什麼是藍的」開始。

不久，他發現了「蔚藍海洋」理論中的幾個疑點，並徹底推翻了先前的各種結論，接著則提出了新的解釋，他的發現被後人稱為「拉曼效應」。

一九九〇年，拉曼因為這項發現而獲得諾貝爾物理學獎，成為亞洲歷史上第一位獲得此項殊榮的科學家。

拉曼深思著：「因為已知，讓我對未知減少了好奇心，也因為減少了好奇心，生命的衝勁似乎也正在削減中……」

聽見拉曼的這番自省，你是否也驚覺到自己，生命活力似乎也有了停滯的

現象，腦袋越來越不懂得變通呢？

少了好奇心，自然而然也會少了探索的勇氣。缺乏好奇心的人，通常都比較安於現狀，即使發現自己開始在原地踏步，不見進步。

然而，面對這樣的生活狀況，難道你不覺得沉悶、無趣嗎？

其實，我們的生活還有許多未知，那些已知的答案其實不過是其中的一部份，只要再次點燃心中的好奇，你定能發現其他不同解答。

更重要的是，再次被激起的好奇心，將會啟動你的生命活力，讓你的生活每一天都充滿絢麗的花火。

智慧是誰也奪不走的財富

有智慧便有財富，智慧是任何人都搶不走的財富，只要我們能不斷地自我增值，智慧的寶庫便將源源不絕地充實。

對你而言，什麼是你最重要的財富？是存款簿裡不斷累計的數字，還是當一切都失去的時候，你還有重新站起的智慧、能力呢？

多年前，在奧斯維辛集中營裡，一位猶太人對他的兒子說：「現在，我們

唯一擁有的財富就只剩下智慧，因此，當別人說一加一等於二的時候，你應該要想到『大於』二。」

他們父子倆在納粹毒殺猶太人時，幸運地躲開了死神的眼睛，護守住自己的性命，也給了自己創造「大於二」的奇蹟。

一九四六年，他們來到了自由美國，選擇在休士頓從事銅器生意。

有一天，父親對著兒子說：「孩子，一磅銅的價格是多少？」

兒子回答：「三十五美分。」

這時父親搖了搖頭說：「沒錯，全世界都知道，一磅銅的價格是三十五美分。但是，身為猶太人的兒子，你應該說是三點五美元，只要你能試著把一磅銅做成門把。」

二十年後，猶太父親去世，從此由他的猶太兒子獨力經營這間銅器店。

不辱父命的他，不僅研發出銅鼓，也製作出瑞士鐘錶上的簧片，甚至連奧運會的獎牌，他也沒有放過。

他正是麥考爾公司的董事長，一個將一磅銅三十五美分的價格，不斷地增

值到一磅銅三千五百美元的猶太之子。

其實，凡出生在猶太家庭裡的孩子們，在他們的成長的過程中，都有一位負責啓蒙教育的母親，而她們幾乎都會要求孩子們回答一個這樣的問題：「如果有一天，你的房子被燒了，或是你的財產被人搶光了，那麼，你將會帶著什麼東西逃命？」

在大多數稚嫩的聲音裡，孩子們總是天眞地說，錢或寶物會是他們最重要的東西，因爲他們知道，只要有錢，食衣住行就不會有任何問題。

然而，答案似乎並不正確，因爲幾乎所有的猶太母親都會提示他們：「其實還有一種沒有形狀、沒有顏色、沒有氣味的寶貝，你知道是什麼嗎？」

如果孩子們還是無法說出正確答案，她們便會公佈正確解答：「孩子，你要帶走的不是錢也不是鑽石，而是智慧。」

在傳統觀念裡，父母親遺留下來的東西，經常是成堆的金銀珠寶，他們只

知道給孩子們魚吃，卻不知道魚兒總有一天會被吃完，孩子們未來的道路漫長，他們眞正要面對的，不是如何享受財富而是如何生活。

所以，在東方世界裡會有富不過三代的預言，這是東方社會與西方社會的最大差異，也是兩者前進腳步會有如此落差的重要原因。

看見猶太人教育下一代的方法，我們也看見了，孩子們有一天獨立生活後所具備的雄厚實力。

有智慧便會有財富，智慧是任何人都搶不走的財富。只要我們能夠求新求變，不斷地自我增值，智慧的寶庫便將源源不絕地充實，而我們也會有一個永遠都屹立不倒的靠山。

工作中最大的所得是累積才能

不要抱怨工作太多，因為那正表示你比其他人有更多的學習機會，也有更多的經驗累積。

你用什麼價值標準來衡量眼前的工作？當你面對新的工作環境時，你最在意的是發展的空間，還是薪水的多寡？

有一位報社的年輕記者，爭取到一個採訪松下幸之助的機會。年輕人很珍惜這次採訪機會，做足了準備，這份用心讓他與松下幸之助談

得很愉快。

採訪結束後，松下幸之助先生親切地問這個年輕人：「年輕人，你一個月的薪水是多少？」

「很少，一個月才一萬日元。」年輕人不好意思地回答。

「很好！雖然你現在的薪水只有一萬日元，不過，你一定要記住，你的薪水永遠不止這一萬日元。」松下先生微笑著對年輕人說。

年輕人聽完，感到非常困惑，心想：「怎麼可能，我每個月的薪水明明只有一萬日元，爲何松下先生會說不止一萬日元呢？」

看見年輕人滿臉疑惑，松下先生笑著說：「年輕人啊！你要知道，你今天能爭取到採訪我的機會，明天也同樣能爭取到採訪其他名人的機會，這可以證明你在採訪能力上，必定有一定的潛力。只要你能多累積這方面的才能與經驗，價值就會不斷提升。這就像你在銀行存錢一樣，只要錢存進了銀行就會生息，相同的，你的才能，不斷地累積之後，就能在社會銀行裡生息，將來，你就能連本帶利地獲得你所累積的成果。」

這番話讓年輕人茅塞頓開，多年後，他便順利地坐上了報社社長的位子。

每當他回憶起與松下先生的那段談話，總是深有所感地說：「對於年輕人來說，才能的累積遠比薪水的多寡來得重要，因爲，那才是我們眞正最踏實的人生資本。」

二萬塊的薪水和三萬塊的薪水有多少差別？

從故事中我們知道，如果二萬塊的工作能讓你多元地學習和接觸，那麼它一定會強於每天只枯坐在辦公桌前的三萬塊。

不要抱怨工作太多，因爲那正表示你比其他人有更多的學習機會，也有更多的經驗累積，誠如一位成功人士所說的：「年輕人不要計較那麼多，多做一些對你才有好處，接觸越多，你前進夢想的步伐才能更加穩健。」

小心提防扯後腿的人

面對無法防備的人性險惡，我們唯一能做的，就是不斷地提醒自己謹守少說話、多做事的原則，以確保自己的生存空間。

當人們有心陷害你的時候，不管你個性多麼憨直，或是立場多麼中立，即使表現得只有一個「好」字可以形容，他們也會把它說成「不好」。

所以，在現實生活中，不是安分守己就好，那份「防人之心」還是隨時把它帶在身上吧！

弗蘭西斯是沙特王族的一名家庭教師，她主要的任務是陪七位小公主閱讀英文童話故事，而她也是世界上年薪最高的家庭教師，每年的收入是英國首相的四十倍。

但是，一直頗受王族歡迎與信任的弗蘭西斯，卻不知何故突然被解聘了。

當她在返回劍橋大學教書的那一天，約有兩百名記者聚集在學院門口，企圖打探整起事件的內幕或八卦。但是，弗蘭西斯在離開前，早與王族有所協議，對此事必須完全封口。

人們的好奇心仍然高昂，不斷猜測著：「她只是陪同小公主們閱讀童話的人，能犯什麼大錯？這其中一定有什麼不可告人的地方。」

有人猜說，可能是弗蘭西斯和某位王子產生了戀情；也有人猜想，弗蘭西斯一定是美國安全局的特工，在傳遞情報時露了馬腳……雖然眾說紛紜，但始終沒有人猜中弗蘭西斯被解聘的真正原因。

直到二〇〇一年的聖誕節，謎底才被解開，一封來自某位公主的電子郵件裡透露了實情。

這封郵件先是向弗蘭西斯祝福聖誕快樂，郵件中，小公主還回憶了和弗蘭西斯共同度過的快樂時光。

她寫著：「您還記得我們一起讀《安徒生童話》時，我們問您的問題嗎？唉，我們實在太傻了，才會造成今天的分離。」

原來，當時公主們讀到這本童話時，問了弗蘭西斯這麼一個問題：「老師，誰的妻子最快樂？」

當時弗蘭西斯也反問了她們：「妳們認爲呢？」

七位小公主齊聲回答：「農夫的妻子最快樂！」

聽見答案時，佛蘭西斯並沒有給予肯定，反而又提問道：「難道國王的妻子、百萬富翁的妻子、政治家的妻子，或詩人的妻子都不快樂嗎？」

「不快樂。」七位小公主異口同聲地回答。

「爲什麼？」弗蘭西斯又問。

但是七位小公主卻答不上來，她們只知道，在童話故事裡，沒有一個國王的妻子是快樂的，也沒有一個百萬富翁的妻子是快樂的。

這時弗蘭西斯嚴肅地說：「在這個世界上，只有眞正快樂的男人，才能帶給女人眞正的快樂。」

正因爲這句「男人快樂，女人才快樂」的論點，被有心人捉到告密的把柄，也讓她在第二天便收到了解聘通知。

對於此事，美國《紐約時報》財經版在評選「十大經濟新聞」時，將弗蘭西斯的那句話，破天荒地選了進去。因爲，這一句話的結果，令她失去了百萬英鎊的年收入。

相信這樣的結果，對一向尊重個人意見與思考獨立的弗蘭西斯來說，是意外中的事，她一定沒有料到，自己居然會因爲一句話而被解僱。

然而，聰明的人會從這句話抽絲剝繭出來，最後才發現，原來這句話根本一點問題也沒有，一切的問題焦點正是那位有心傳話的人。

延伸至你我的職場世界，我們永遠都猜不中誰是扯你後腿的人，也無法猜

料到誰會在你背後送上一刀。

面對現實生活中這些無法防備的人性險惡，我們唯一能做的，就是不斷地提醒自己：「在職場中，我們應謹守少說話、多做事的原則，以確保自己的生存空間。」

此外，我們不妨正面思考弗蘭西斯的這件事，因爲一句話而失去百萬英鎊，其實一點也不可惜，她反而要爲自己感到慶幸，至少這百萬英鎊讓她換得一個全身而退的機會。

3. PART

以變通的思維找出成功的機會

面對失敗，
要以變通的思維去規劃自己的未來，
只要心中的信心未減，
好好地實踐自己的致勝概念，
機會絕對會俯拾可得。

每個人都要有一項最出色的能力

只要能盡情發揮自己唯一的天分與能力，自然就能把自己生命最好的部分呈現出來。

俄國作家克雷洛夫曾經寫道：「喜歡嘲笑別人的人，無論看見什麼都要叫囂，但是，儘管走你的路吧，他們叫一會兒就會離開的。」天生我材必有用，每個人至少都會有一個天生的強項。

某一年，德國一家電視台推出一個新節目，用極優渥的獎金徵選「十秒鐘

驚險鏡頭」。

許多新聞工作者趨之若鶩，最後獲得冠軍的作品是一個取名為「臥倒」的畫面，而掌鏡者只是一位剛入行的年輕人。

幾個星期後，這個十秒鐘的作品在電視台的黃金時段播出。當天晚上，幾乎所有的德國人都守在電視機的前面，準備仔細觀看這個冠軍作品究竟好在哪裡，大家從等待、好奇到議論紛紛，最後每個人的眼裡都泛起了淚光。

這個畫面是，一個火車站上，有一個扳道工正走向自己的崗位，為即將到來的火車扳動道岔。就在這時，他無意間回過頭一看，發現自己的兒子正在鐵軌的另一端玩耍，而那個位置是正要進站的火車，準備行駛的軌道。

完全沒有時間可以猶豫的父親，在那一剎那間必須救兒子，也必須扳道才能避免一場災難。

就在那一刻，他威嚴地朝著兒子大喊：「臥倒！」

在叫喊的同時，他衝過去扳動火車的道岔。

在那千鈞一髮之際，火車進入了預定的軌道，而另一邊的火車也呼嘯而過，

然而兩個車道上的旅客卻完全不知道，他們的生命剛才險些消失在瞬間，更不知道，當他們乘坐的火車轟鳴而過時，有個小生命正臥倒在鐵軌邊，而且毫髮未傷。

這一幕剛好被一位經過的記者看見，並拍攝了下來。

大家看完之後都猜測，這位扳道工人一定是位非常優秀的人才。直到記者再次登門拜訪後才知道，原來這位扳道工只是個平凡的老百姓，做的是最基層的職務，唯一值得一提的是，同事們都誇他忠於職守，每一個動作連一秒都沒有失誤過。

更令人吃驚的是，那個勇敢的小男孩是一個智能不足的孩子。

父親對記者說：「其實，我也不知道該怎麼教育他，只是一遍又一遍地告訴他說：『孩子，你長大後能做的事情實在太少了，所以你必須培養一項最出色的能力！』」

雖然兒子並不懂得父親的話，每天仍然傻呼呼地過日子，但是，在生命攸關的那一秒，他卻能快速地「臥倒」，而這個漂亮的動作，正是他和父親玩打

仗遊戲時，唯一聽得懂，並且做得最出色的一個動作。

所謂的天才，多數只有一項最出色的天分，於是如此不凡。

當鏡頭下的喜憨兒，把被訓練出來的「臥倒」動作，出色地表現出來的時候，就明白告訴我們天分也是可以培養的，而且只需要一項最出色的能力。

能力不必多，生命有限，每個人的學習能力也有限，我們沒有辦法把所有的事情都攬在身上。我們只要能盡情發揮自己唯一的天分與能力，自然就能把自己生命最好的部分呈現出來。

如果平時不充實自己，凡事輕忽、不以爲意，即使有一百個機會找上門，照樣會眼睜睜看著這些機會從指縫中溜走。

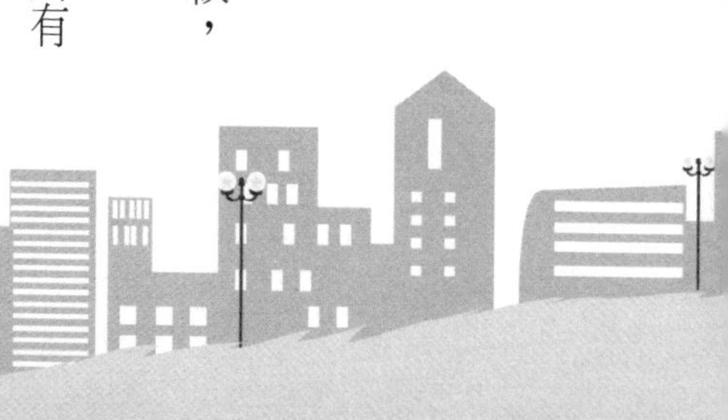

以變通的思維找出成功的機會

面對失敗，要以變通的思維去規劃自己的未來，只要心中的信心未減，好好地實踐自己的致勝概念，機會絕對會俯拾可得。

幽默作家蕭伯納曾經這麼寫道：「人類總是低估了負面情緒會為自己帶來的後果。」

做人做事最糟糕的狀況，莫過於任由情緒做決定。

面對不如己意的事情，很多時候，只要控制自己的負面情緒，適時地轉換心念，就會發現眼前這些事情實在不值得煩憂嘔氣，心境因爲適時轉念而變得平靜後，事情便會朝正面的方向發展。

伯尼在二十多年的職業生涯中，可說費盡了千辛萬苦，才坐到經理人的位置上，其中的艱苦實在很難爲外人明白。

這天，四十九歲的伯尼像往常一樣，拎著公事包去公司上班，途中他想著：「再做個十一年，我就可以安安穩穩地拿到退休金了。」

可是，他萬萬沒有想到，「今天」竟然是他在公司工作的最後一天。

「你被解僱了！」人事部經理對他說。

「爲什麼？我犯了什麼錯？」他驚訝地質問道。

經理無奈地回答說：「你沒有犯錯，只是公司最近營運不順，董事會決定裁員，如此而已。」

是的，理由就是這麼簡單，然而簡單的理由，卻讓熬了大半輩子的伯尼，一瞬間從受人尊敬的公司經理，變成了一名流浪街頭的失業者。

失落的日子，讓他過得很辛苦，爲了化解內心的痛苦、迷惘和精神壓力，

他天天都會來到一間咖啡店呆坐，且一坐總是好幾個小時。

直到有一天，他遇到了一位同病相憐的老朋友亞瑟，兩個同樣遭到解僱的可憐人，雖然苦況相同，然而正因爲兩個人可以互相取暖、安慰，反而讓他們得到了尋求解決的動力與辦法。

「我們何不自己創辦一間公司呢？」

當伯尼忽然開口說出這句話時，也同時點燃了亞瑟的生活動力，特別是存在兩個人心中，未曾消失的激情與夢想，再次地被喚起。

於是，兩個人就在這間小小的咖啡店裡，策劃建立新的家居倉儲公司，他們多元運用自己累積出來的經驗與人脈，爲事業制定了一份發展規劃，和一個「擁有最低價格、最優選擇、最好服務」的致勝概念，並建立一套能成功實踐的管理制度，準備「展翅高飛」。

這就是美國家居倉儲公司，他們以二十年的時間，發展成爲擁有七百七十五家分店、十六萬名員工，與年銷售額三百億美元的全球化企業，爲全球零售業發展史上締造了一個新奇蹟。

然而，許多人都不知道，這個奇蹟之所以會誕生，乃肇始於二十年前的一句話：「你被解僱了！」

失業是一個暫停、喘息的機會，對積極的人來說，這是他們自我增值的最佳良機，更是他們重整旗鼓、蓄積力量的重要時機。

看著伯尼從失業的頹喪情緒，到決心重振旗鼓的高昂志氣，我們確實也看見了一個不變的道理：「機會始終都在我們的手裡，只要我們不放棄自己，隨時都能看見轉機。」

正在失業中的人，看見了這則案例，是否也得到了激勵與啓發？

其實，沒有人能一帆風順，也沒有人不會遇到困難，但是只要青山仍在，我們就無須擔心找不到木柴燃燒。

面對失敗，要以變通的思維去規劃自己的未來，只要心中的信心未減，好好地實踐自己的致勝概念，機會也絕對會讓我們俯拾可得。

先有實力，才會有運氣

要不斷地充實自己，雖然能遇見「伯樂」是很重要，然而千里馬自己是否具有充實的實力，這才是最重要的事！

許多優秀的企業家最常掛在嘴邊的話是：「想要提高企業的競爭力，人才無疑是最重要的。」

聽見他們這麼說，也許有人會反駁說：「那也要對方是位伯樂！」

難道我們真的只能默默地等待伯樂出現，而別無他法嗎？

查克．雷諾是美國矽谷一家軟體研發公司老闆，頗具遠見卓識。在激烈競爭的環境中，他經常說：「知識是企業的無形財富，然而想要提高企業的競爭力，人才是最重要的，因爲人才是企業最無法估量的資本。」

在這個瞬息萬變的資訊時代，能夠靈活應用並迅速找出最新的科技，是企業成功的首要條件。

因此，雷諾說：「對於人才和知識的渴求，我的確非常急切。」

雷諾深有所感地說：「對於中小企業來說，越是重要職位就越需要爭取最好最棒的人才。因爲，任何最重要的工作崗位，不僅提供了最難得的機會，對有才能的人來說，其實也是最難得的挑戰。假若我們就這麼隨便找人，不僅削減了重要任務的價值，說不定反倒還幫了競爭對手的一個大忙。」

深知人才與工作關係的雷諾，在挑選人才上自有其獨特的眼光，只要他相信對方有才能，便會三顧茅廬。如果極力邀請後仍然無法獲得對方的點頭答應，雷諾也從不氣餒，反而會更積極想法子，以贏得才子的心。

有一次，雷諾看中了一個人才，想聘請他來擔任公司的業務主管。

但是，這次他連人情攻勢的絕招都使盡了，仍然無法得到回應，甚至他請託許多重要人物出面，還是得不到結果。有一天，他再次電話遊說，沒想到對方竟不耐煩地說：「先生，全世界大概只剩您的母親還沒有給我打電話吧！」

沒想到第二天，雷諾真的請遠在以色列的母親打了電話過來，老太太動之以情地說：「請您放心，我的小查克絕對是個好人，只要您與他共事後，一定會非常願意與他合作。」

這個方法果然奏效，第二天，電諾辦公室裡的業務主管位子上，正坐著他心目中的最佳人選。

不久，雷諾又發現了一位財務主任職位的好人選，只是這次較困難的地方是，這個人才是在一家大企業裡擔任要職，且待遇相當優厚，聽說雷諾這樣的小公司要來挖角，根本理都不想理。

然而，雷諾並沒有洩氣，他積極打聽到對方鞋子的尺碼之後，便立即買了一雙耐吉牌運動鞋，送到對方的家門口，旁邊則留下了一張寫有「just do it」的紙張，當對方看見電諾如此用心的小動作，心很難不被打動。

於是，在收到鞋子的第二天，雷諾小公司裡的財務主任座位上，也鎮坐著這位雷諾心目中的唯一人選。

希望被慧眼獨具的人發現自己，我們不應該只會靜靜等待，因爲即使像故事中的千里馬，他們也是日跑千里之後，才被雷諾發現他們的「長跑」天分，願意三顧茅廬的啊！

其實，我們不會連一個機會都沒有，那些說找不到機會的人，多數是因爲他們的能力尚未充實。

他們不僅對自己的能力感到懷疑，連挑戰未來都會出現擔心的臉，如此一來，如何能散發自信，讓人願意伸出接納與肯定的手呢？

明白人才是公司最重要的資產，那麼我們就更應該要不斷地充實自己，因爲換個角度來思考，雖然能遇見「伯樂」是很重要，然而千里馬自己是否具有充實的實力，這才是最重要的事吧！

懂得變通，就能成功

在非常時候要有非常鎮定的判斷力，更要有毫不遲疑的行動力，一旦猶豫，即使只有一秒，也可能會是最關鍵性的一秒。

日本知名作家池田大作曾經說過：「權宜變通是成功的秘訣，一成不變則是失敗的伙伴。」

的確，想要成功，必須懂得變通，不能故步自封、一成不變，就像一艘航行在大海的船隻，如果想要行駛到達目的地，遇見風浪之時，必須懂得如何見風轉舵一樣。

不論我們身處什麼樣的絕境，最終都一定會有出口。

如果前方出現了一道阻擋的高牆，我們大可回頭走，畢竟入口也可以是個出口，不怕一切從頭，只怕你放棄了一切。

美國空軍上校布魯斯·卡爾是一位重要飛行員。一九四四年十月，卡爾隨同部隊進駐法國，並不斷地與法西斯軍方在空中搏鬥。

同年十一月，他飛到捷克上空作戰時，雖擊毀了兩架敵機，自己初也不幸地被敵方擊中。更不幸的是，被迫棄機跳傘逃生的卡爾，最後還迫降在敵方的佔領區內。

因爲這個錯降，卡爾吃盡了苦頭，不僅要忍受寒冷與飢餓，還要不斷地躲避敵人的追捕。

後來，卡爾憑著第六感，順著一條崎嶇小路前進，終於找到德軍一個臨時機場。當時，他立即躲進一個戰壕裡，並慢慢地觀察、記錄他們的一舉一動。最後卡爾發現，就在自己藏身處不遠的地方，正停放了一架德軍飛機。雖然那

是一架性能不佳的小型戰鬥機，但是，他看見機務人員剛剛完成維護工作，還裝滿了油料。於是，他預估，一會兒就有德軍飛行員要去執行任務。

當時的卡爾心想：「不如就『借用』這架德軍飛機，返回我方基地。」

當這個「借用」的念頭一出現，卡爾便毫不遲疑地越過鐵絲網，偷偷地鑽進了這架飛機的座艙。

在微弱的月光中，他忐忑不安地摸索著座艙設備等等，只見他果決地拉起啓動桿，然而無論他怎麼拉，飛機居然毫無反應。

「糟糕！難道判斷錯誤？」

情急之下，卡爾下意識地將啓動桿一推，沒想到反而聽到了發動機開始轉動的聲音。在一片寂靜中，這聲音給了卡爾一股重生的希望和溫暖。

憑著經驗，他大膽地推動油門，機體發出了一陣轟鳴聲，便慢慢地開始往前滑動。然而就在他安全飛上天空前，他卻發現，這架飛機上居然沒有降落傘和飛行帽，更糟糕的是，機上的無線電通聯器居然也無法使用。

這時卡爾已經無法多想了，趁著其他德兵還沒有發現時，立即向上一拉，

往天空呼嘯而去。

德軍真的沒有發現他，卡爾總算放心了。

只是他沒有料到，以爲一切安全的他，卻因爲無線電故障，無法與戰友們連絡，反而讓他吃了好幾顆自己人的子彈，所幸飛機沒有被擊中，讓他能有驚無險地迫降在基地的停機坪上。

當滿腹委屈的卡爾從座艙中爬出來時，立即被士兵們團團圍住。

這時，卡爾的上司認出了他，看著蓬頭垢面的卡爾，忍不住哽咽地罵道：「卡爾！你這傢伙跑到什麼鬼地方去了！」

在場的戰友們這才發現：「是卡爾！」

發現敵機上坐的竟是失蹤已久的卡爾，戰友們紛紛上前擁抱他，每個人幾乎都感動得泣不成聲。

日本心理學家德田虎雄曾經這麼提醒我們：「一個人走在路上，最重要的

事情是必須注意轉彎。」

在非常時候要有非常鎮定的判斷力，更要有毫不遲疑的行動力，一旦猶豫，即使只有一秒，卻也可能會是最關鍵性的一秒。就像卡爾一般，只要他當時的步伐有所遲疑，恐怕早已成了戰俘，無法回到戰友們的身邊了。

從故事中，相信你也得到了不同的生活啓發，試想，當我們在決定行動的時候，是否也有很多顧慮，其中更有許多不必要的考慮呢？

要想爭取機會，我們就要懂得變通，如此才能增加行動活力，也才能比別人更精準地把握住成功的機會。

敏銳的觀察力是致勝的關鍵

腦袋懂得變通，不斷地自我啟發，不斷地自我勉勵，自然而然能開創出無限的想像空間，更能積累出無限寬廣的未來。

「能夠敏銳地看見市場的需要，迅速地做出反應並立即實踐。」這是許多自許爲創意人，或希望能領導流行的人，所要努力達成的第一目標。

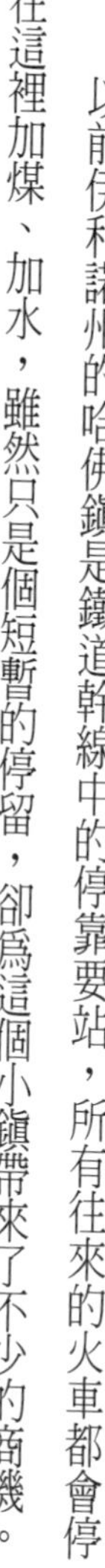

以前伊利諾州的哈佛鎮是鐵道幹線中的停靠要站，所有往來的火車都會停在這裡加煤、加水，雖然只是個短暫的停留，卻爲這個小鎮帶來了不少的商機。

鎮上許多勤快的孩子們，都會把握住火車停靠的短暫時間，奔進車廂中販售爆米花等食物。

在這群孩子裡，有一位十歲的小男孩非常靈活，這天他和其他孩子們一塊兒在搶客人時，忍不住想：「我們這樣搶也不是辦法啊！大家的東西都一模一樣，不久之後恐怕誰也做不成生意了。」

於是，他找來其他孩子，對他們說：「不如我們分工合作，一起想些新花招來吸引客人吧！」

就這樣，他們研發出新的爆米花口味，包括奶油口味、煉乳口味等。不久，他還利用一個報廢的鐵箱，設計出一台小小的爆米花車，不僅能保溫，還能放置更多的食物上車叫賣。

有一年，一場大風雪來襲，嚴重的積雪導致火車靠站後無法開動，乘客們只能坐在車廂內枯等。

這時，小男孩又看見了新的商機，他回到家裡，請合作夥伴們一塊兒趕製許多三明治，然後讓負責外賣的夥伴帶到火車上去販售。

沒想到那些賣相不佳的三明治，不到幾分鐘時間便被搶購一空。男孩在結算時更發現，這個小小的「看見商機」，居然讓他賺了一筆小財。

從此，小男孩不再侷限他的商品，而是隨著季節與乘客需求，不斷地開發與研發各式的新產品，像是能背在肩上的蛋捲冰淇淋箱……等。

由於小男孩的生意非常好，火車上的「小販」也越來越多，當競爭對手越來越多時，小男孩也意識到在火車販售的機會將會越來越少。

於是，他在賺進一筆小財富後，便毅然地退出競爭行列。

不久之後，站長宣佈，爲了維護乘客們的乘車品質，在車站與車上的一切商業行爲都要禁止。

這個富有遠見與危機意識的小男孩，正是摩托羅拉公司的創始人保羅·高爾文，因爲從小培養出來的敏銳觀察力與靈活思考，讓他日後在商場上不斷地締造傲人的佳績。

觀察力敏銳過人的保羅．高爾文，在人們只知道「賺錢」爲最重要目標時，便發現了「創新」與「開發新市場」的重要性，於是，我們看見了保羅．高爾文從小累積的創意實力，更預見到他的未來，必定能無限地伸展。

也許有人要問：「一個人的能力到底可以發揮到什麼程度？」就像小保羅的表現一樣，正如每一位勵志專家們所說的：「無限寬廣！」

在成長的過程中，如果我們能像保羅一樣，懂得適時變通，不斷地自我啓發，不斷地自我勉勵，自然而然也能像他一樣，開創出無限的想像空間，更能積累出無限寬廣的未來。

下定決心做最好的自己

只要我們下定決心前進，人生不會只有一條直線可以走，每一個彎道都可以去經歷，讓生活多轉幾個彎又何妨？

只要你能下定決心做最好的自己，那麼人生就不會有遺憾，也不會有所謂的後悔，因爲無論最後的結果如何，你都將在這個過程中，得到別人無法感受到的成就與快樂。

東京通信是新力公司的前身，一九五〇年，東京通信成功地將日本生產的

第一台C型錄音機商品化後，創辦人盛田昭夫便負責將產品帶到企業、大學、政府等機構做展示與銷售。

然而，在某一年的訂購單中，有位東京藝術大學聲樂科的學生，居然針對這款錄音機的功能，提出了具體且詳盡的改善建議，讓盛田大感驚訝。

不久，這位名叫大賀典雄的學生，親自拜訪新力，以專業角度對另一款G型錄音機提出建議，詳細且深入的分析，讓現場每一位專家們都深感佩服，從此大賀的身影便經常在新力公司裡穿梭。

大賀完成學業後，前往德國柏林國立音樂大學留學，並以第一名的成績畢業，從此踏上了第一流歌劇家的路。

直到一九五九年，因為盛田邀請他參與歐洲電子收音機的巡迴展售，才讓他的歌劇路因而中斷。

就在轉往美洲的航程上，盛田熱情邀請大賀加入新力公司的行列。他對大賀說：「身為音樂家，你絕對是第一流的，不過，我相信你更能成為第一流的經營者。但是，想要成為一個成功的企業經營者，最少要花十年的時間學習、

累積。只要你能下定決心，我相信你在四十歲之前，必定能成爲成功的經營者，你不妨考慮考慮吧！」

聽見盛田忽然說出這番話，大賀完全不懂其意，他只知道：「我是個聲樂家，對於商場的事，根本沒有興趣啊！」

當時，大賀典雄認爲，自己並不是塊企業經營者的料。

然而，盛田不斷地說服他，更不斷地激勵他。從另一個角度看，也許盛田比大賀自己更懂得「大賀典雄」。

最後，大賀終於決定加入新力，在二十九歲時擔任新力公司的第二製造部經理，一九六六年被擢升爲新力唱片公司的總經理。

十年之間，他不僅讓公司的銷售額躍升爲日本第一，一九八二年更坐上了總經理寶座，展開他雄霸世界的企圖心。

能遇見伯樂是件很幸福的事，只是當伯樂鼓勵你積極發展時，你是否也會

像大賀一樣，心中不斷地出現困惑與遲疑？

換個心情，就能心想事成！生活中最耐人咀嚼的經驗，正是在這樣的肯定與未知之間，不斷地前進與發展。

只要你下定決心做最好的自己，努力去實踐，你便會像大賀一樣終於發現，原來興趣是可以培養的。只要我們下定決心前進，人生不會只有一條直線可以走，而且每一個彎道都可以去經歷，讓生活多轉幾個彎又何妨？因爲我們永遠有無限的可能！

親身體驗，才能吸收寶貴經驗

不是踩著別人的步伐就一定能成功，更不是聽著別人的指引，我們就一定能看見陷阱，人生一直都充滿著變化。

沒有真正地經歷生活中的甜酸苦辣，只從別人的滿臉苦楚，或滿心歡喜的神情，就真的能感受到其中的悲傷和快樂嗎？

拿破崙入侵俄國期間，曾在一個小鎮中作戰，期間不幸地與軍隊脫離，就在他孤立無援時，有一群哥薩克人盯上了他，並展開一連串的追捕行動。

於是，拿破崙開始他的逃命步伐，最後他潛入一個偏僻巷弄中的一家賣毛皮的商店裡。當拿破崙氣喘吁吁地逃入店內時，立即對著老闆喊道：「求求您救救我！」

老闆同情地說：「快躲進角落的毛皮底下吧！」

接著，他還拿了許多毛皮覆蓋在拿破崙的身上，就在他蓋好的同時，哥薩克人也來到了毛皮店的門口。

只見這些哥薩克人，一點也不顧老闆的抗議聲音，在店裡亂翻亂搜，爲了要找到拿破崙，他們還曾將利劍猛力地刺入毛皮堆裡，所幸沒有任何發現，不久後，一群人便放棄離開了。

過一會兒，當拿破崙的貼身侍衛也尋找到店門口時，拿破崙正毫髮無傷地從毛皮下爬了出來。

這時，老闆怯怯地問拿破崙：「請允許我向您提出這樣的問題：不知道您躲在毛皮底下，知道下一刻可能是最後一刻時，心情怎麼樣呢？」

沒想到這一問，居然令拿破崙動怒了，生氣地對老闆說：「你竟然敢問我

這樣的問題，侍衛們！快將他拿下，還要蒙住他的眼睛，並聽候我的命令，即刻處決他！」

可憐的老闆被拖到外面，並蒙住了雙眼。

什麼東西都看不見的老闆，隱隱約約間聽見侍衛的動作，當他們慢慢地排成一列，並發出準備射的聲音時，雙腳不由自主地猛烈顫抖。

不一會兒，拿破崙清了清喉嚨，並慢慢地喊道：「預備，瞄準。」

就在那一刻，皮毛商人終於知道，一些無關痛癢的感傷都將永遠離他而去，當眼淚流至臉頰時，心中一股難以形容的感覺忽地出現。

此刻，時空像是被凝結了，過了一會兒，在老闆的耳邊聽見了一個腳步聲，旋即眼罩也被解了下來。由於突然的光明，令他的眼睛有些睜不開，但仍然可以清楚看見拿破崙的眼睛，與安慰他的微笑。

接著，拿破崙輕聲地說：「現在，你應該知道了吧！」

對拿破崙來說，沒有眞正的親身體驗，是無法感同身受的，所以他故意嚇唬毛皮店老闆，讓他眞正地親自體會其中的驚恐與求生意識。

從這則軼事當中，我們也學會了一件事，那就是：沒有親身經歷過，是很難表現眞正的「感同身受」。

日常生活中不也如此嗎？不是踩著別人的步伐就一定能成功，更不是聽著別人的指引，我們就一定能看見陷阱。

人生一直都充滿著變化，即使是相同的事件，在不同人的身上發生，都會有不同的感受與發現。

所以，不要用聽說或看見來表露自己的「感同身受」，因爲唯有親自經歷，我們才能得到眞正的體驗，也才能從這樣的經驗中，得到眞正的啓發，讓自己更加懂得變通。

不要錯過每一個可能的機會

不可預期的機會，隨時都在上演，我們更要懂得把握，同時學會看見這些偶然的機遇裡所暗藏的奧秘。

不論大小，機會都是人創造出來的，而每一個機會我們都不能錯過，即使只是個偶然的小發現，也有可能是前進未來的重要跳板。

一八九五年十一月八日深夜，倫琴教授在沃茲堡大學實驗室，用一張黑紙把一只真空放電管緊密地包裹起來，然後離開了實驗室。

那只放電管是克魯克斯教授所研製，它能產生微弱的陰極射線，可以利用它來研究帶負電的高速電子流。

這時，倫琴教授想起忘了關閉陰極射線管的電源，於是折回實驗室。門一開，眼前的情況令他大吃一驚，因爲在黑暗中，有一條板凳正放射著一束綠色的螢光！

當他切斷電源時，螢光便自動消失了，再接通電源後，那道螢光則再次出現。等到教授接近後發現，板凳上有一塊硬紙板，他想：「難道是克魯克斯管中有某種未知的射線，射到紙板上所引起的嗎？」

好奇的倫琴教授，忍不住將手伸到克魯克斯管前晃了晃，這個試驗動作，又一次令他大吃一驚。

因爲，在離管兩公尺遠的一個備用螢光屏上，他清楚地看見一個淡淡的手影，而且這個影子居然是「一節節骨骼」的影子。

倫琴大聲叫道：「我看見了我的骨頭！」

面對著這個「魔影」，倫琴教授並沒被嚇倒，反而引起了更強烈的好奇

心。爲了找出眞相，他一連十天都沒有走出實驗室，不眠不休地研究他的新發現——那道神祕之光。

「我也不曉得是什麼光，無以名之，就姑且叫它X光吧！」他寫了一封報告書給他的老師。

就這樣，倫琴教授成了X光的發現者，這個偉大的發現也讓他拿到了諾貝爾物理學獎。

科學史稱這種發現爲「偶然的遭遇」，關於這種神奇的「偶遇」，科學界的例子可說是不勝枚舉。

例如，法拉第在做青蛙實驗時所發現的電流，又如英國科學家柏琴，原本要用化學方法合成奎寧，卻發明了合成染料苯胺紫，還有荷蘭磨眼鏡片的學徒，因爲閒玩兩塊鏡片而讓他偶然發明了望遠鏡……等等。

生活中，像這樣不可預期的機會，不也隨時都在上演嗎？

正因爲它們的偶然性，讓我們更要懂得把握，同時學會看見這些偶然的機遇裡所暗藏的奧秘。

一如「X光」，早在倫琴發現X光之前，美國科學家古德斯柏就在實驗室裡，偶然洗出了一張X射線的透視底片，但他卻將照片歸因於沖洗的藥水與技術，最後更把這些底片當垃圾處理。

而這也正是「看見」和「發現」的區別，「看見」了卻沒有「發現」，成功機會便這麼輕輕地溜走了。

面對批評，不必忿忿不平

聽見批評時，不是停下來觀望，
而是繼續前進，並不斷地修正與補強，
如此才能從「你是錯的」
進步到「你是最好的」。

劃地自限只會離成功越來越遠

早點將銬在身上的枷鎖解去，發現自己的長處，並好好的發揮，才能邁向另一個新的開始。

如果我們只想保持原狀，就無法變成我們想要變成的人。唯一能限制我們前進的，就是認爲自己不可能也做不到的想法。

一個人如果老是說：「我就是沒辦法，永遠也出不了頭。」那他就會停止學習，不再嘗試任何機會，因爲「反正也不會有用」的念頭已經深植心裡。

到最後，他的預言將會成眞。

相反的，一個人如果鼓勵自己說：「無論如何，我就是要做到。我要盡全

力來完成這件事。」這樣一來，即使是延長工作時間、花功夫學習、做任何改變，他也願意。

結果，當然是他成功了。

在激烈競爭的社會中畫地自限，是最可怕的一件事，因爲你連嘗試的動作都沒有，就將自己定位成失敗的人。

安德魯是美國一位很有名氣的不動產經紀人，有輝煌的成就，但誰也沒想到，過去他只是一個賣葡萄酒的小小推銷員。

推銷是他入門的第一份工作，當時他認爲，自己這一輩子大概就只能賣葡萄酒了，並沒有設立其他的目標。

起初他爲一位朋友工作，後來又進了另一家葡萄酒貿易公司，接著又和另外兩個人合夥做起進口代理商。不過，安德魯所做的一切並不是出自於熱情，只是出自於一種本分。

不管安德魯多麼努力，他的葡萄酒生意仍然不見起色，而且每況愈下。雖然他試圖挽救，最後還是倒閉了。

即使如此，安德魯仍然不願意改行，他不知道自己還能做什麼，也沒有別的專長。於是，他加入一門教人如何創業與謀生的課程。

在課程中，他從同學間的互相回饋中得知，沒有人認爲他是個「只會賣葡萄酒的人」。大家都覺得他的能力不錯，而且是個應變能力很好的人。

這些看法給了安德魯很大的衝擊，他拋開了舊有的想法，開始仔細思考與分析是否有從事其他行業的可能性。

他審愼探討自己的興趣和能力，試著找出最適合自己也最想做的行業。最後，他選擇了和太太一起從事不動產業務。經過幾年的努力，安德魯夫婦在不動產界打下了很好的基礎，也闖出了名號。

選擇安於現狀的人，不用面對挑戰新事物帶來的壓力，也逃掉了許多責

任。這樣的人往往會說：「這個太難了，我做不到。你來幫我吧！」

雖然這也是另一種聰明的生存方式，但是相對的，積極進取的人收穫絕對比較多，因爲他們不僅僅是得到魚，還學會了釣魚的方法。

機會出現在我們眼前之時，經常巧妙地僞裝成無法解決的難題，它不願讓人太過輕易得到它。

對安德魯而言，葡萄酒生意的失敗，是把他推向巨大成功的開始。沒有這個打擊，他一輩子只能做個不高不低、不上不下的葡萄酒推銷員。

我們爲自己設下的任何界限，都會成爲日後的障礙。因此，早點將銬在身上的枷鎖解去，發現自己的長處並好好發揮，才能邁向另一個新的開始。

膽大心細才不會錯失良機

「膽大心細」是成功必備的元素，有膽無謀的人往往一再犯錯，心細無膽的人則容易深陷遲疑，經常在後悔中錯失良機。

放在你手中的成功機會有多大，不在於機會本身的條件有多好，而是看你有沒有堅持的毅力與企圖心來決定。

五十年前，有一位名叫卡納利的美國人，原來經營著父親傳下來的雜貨店，但是這間雜貨店的生意卻很差。

正值年輕的卡納利忍不住對父親說：「爸，這間店經營了這麼多年，一點成績都沒有，我想不如做做別的生意吧！」

卡納利提出意見後，立即得到家人的支持，於是他接著說：「我們這裡有一所大學，而許多學生都是外食族。我還發現，這附近還沒有人經營比薩餅屋，我想，把雜貨店改爲比薩餅，一定會有很好的成績。」

家人們聽完他的想法後，一致同意經營比薩餅屋，於是卡納利立即著手籌劃。用心規劃的卡納利，將比薩餅屋裝修得十分精緻溫馨，這對講求氣氛與情調的大學生來說，確實相當吸引人，不到一年的時間，卡納利的比薩店便成爲當地最著名的小吃店，店裡幾乎天天都是爆滿的人潮。

不久，他又在當地開了兩家分店，生意也都相當好。

野心極大的卡納利，看見三家店都經營得如此成功，便立即拓展他的事業版圖；他來到另一座城市發展，同時開了兩家比薩分店。但沒過多久，這兩家分店便出現危機，幾乎天天虧損的情況下，最後連房租都付不起了。

第一次遭遇失敗的卡納利苦思著：「同樣都是賣比薩，兩個城市的店家也

都開在大學城附近，爲什麼在這裡會失敗呢？」

不久，他的評估結論出爐了，他發現，原來是這座城市的學生與家鄉的城市學生，不論在在飲食或是追逐的品味上可說是南轅北轍，所以在裝潢與食材的搭配上，自然很難吸引顧客上門了。

於是，卡納利立即著手修正經營方向，而虧損連連的比薩店，很快地便興隆了起來。如今，卡納利的比薩店已經遍佈全美，共計達到三千一百家，總值三億多美元。

卡納利回憶著說：「每當我到一個新的城市拓展時，其實一開始有十分之九都是失敗的，之所以最後都能成功，是因爲在失敗時，我從來都沒有退縮的念頭，反而更積極地思考其中的缺失，並努力想出改進的辦法。就像當年進軍紐約市場時，第一時間我就遇到了困難，但我一點也不願放棄，而是積極地評估與修正，這才坐穩了今日的市場寶座。」

膽識過人的卡納利，能從一間小比薩店經營出如此大的事業版圖，依賴的正是他過人的智慧與勇氣，還有他過人的決心和毅力。

「膽大心細」是成功必備的元素，有膽無謀的人往往一再犯錯，難成氣候；心細無膽的人則容易深陷遲疑，裹足不前，而經常在後悔中錯失良機。

從卡納利的成功經驗中，我們可以看見，眞正成功的路不會是一帆風順，越能面對挑戰的人，即使風浪再大也必定能乘風破浪，突破艱難；越能從錯誤中汲取經驗的人，失敗越多對他越有助益，因爲每一次失敗都不會是他的阻礙，反而是他構築成功地基的重要建材。

一如卡納利的成功分享：「不要一遇到困難就退縮，更不要害怕失敗，只要你能從失敗中發現問題的關鍵，並做立即的修正，那麼即使走十步跌十步，你都一定能走到夢想的目標！」

用兩塊錢買一份成功機會

自恃甚高的人才，經常和公司主管造成對立和衝突，其中無法溝通的最大原因，經常是：「因為我身經百戰！」

經驗不足，並不表示學習能力不足，很多時候，經驗不足的人反而更懂「唇齒相依」的道理，也比別人更懂得上下溝通的重要性。他們能接受各方的意見，也更明白展現謙虛的工作態度，反而更能與公司上下共創雙贏的成績。

有個年輕人到某公司應聘會計，才剛畢業的他在面試時就遭到拒絕，因爲公司眞正要找的是有經驗的資深會計。但年輕人不願放棄，一再地請求主考官：「請給我一次機會，讓我參加你們的筆試。」

沒想到這位年輕人不僅輕鬆通過筆試，還吸引人事經理來親自複試，因爲年輕人的筆試成績相當好，人事經理對這位年輕人也產生了好感。

然而，正式面談時，經理卻有點失望，因爲年輕人很坦白地說：「我並沒有實際工作經驗，連打工的經驗都沒有，我唯一的會計經驗是在校擔任學生會的財務長。」

經理看著眼前毫無工作經驗的年輕人，心中盤算著：「找個一點經驗都沒有的人來公司，實在很不划算！」

於是，經理對年輕人說：「好，今天就面談到此，有任何消息我們會打電話通知你。」

年輕人禮貌地點了點頭，接著竟從口袋裡掏出了兩塊錢，並用雙手遞給經理：「不管貴公司是否錄用我，請務必都要撥個電話給我，好嗎？」

第一次遇到這種情況的經理，看著錢幣竟一時呆住了，待回神後，他好奇地問道：「你怎麼知道，沒被錄取的人就不會接到電話呢？」

年輕人認真地回答：「您剛剛說，有消息便會接到通知，那言下之意就是說，沒被錄取的人就不會接到電話了，不是嗎？」

經理笑著點了點頭，一時又對眼前的年輕人產生了興趣，又問：「如果你沒被錄取，我們打電話給你，你想知道什麼？」

年輕人回答說：「想請您能告訴我，我還有哪些不足的地方，好讓我有改進的機會。」

經理明白地點頭，接著看著兩塊錢，又問：「那這兩塊錢……」

年輕人笑著說：「我想，貴公司一定沒有預算要撥電話通知未被錄取的人，所以這理應由我來支付，請您一定要打電話給我。」

經理笑著說：「那請你把這兩塊錢收回去吧！我們不會打電話給你了，因爲，我現在就通知你，你被錄取了。」

接著，經理在會議上說出年輕人被錄取的理由：「他一開始就被拒絕，卻

堅持要求參加筆試，正說明他有堅強的毅力，而清算帳務是一件繁雜的工作，沒有足夠的耐心和毅力，很難將這項工作做好。再者，他能坦白自己的工作經驗，則顯示他的誠實，這對掌理財務的人來說是很重要的。特別是當他說，不能錄取也希望能得到批評，便證明他有面對不足的勇氣，以及勇於承擔責任，並力求更好的上進心。」

經理嚴肅地看著台下全體員工：「經驗不足可以累積，畢竟每個人在工作中難免出現差錯，我們可以接受員工的失誤，卻無法接受員工只想安於現狀而停滯不前，因爲公司發展的最佳狀況，是員工願意和企業主共同前進。而一個能自掏電話費聆聽自己缺點的人，更反映出他能保持公私分明的公正。一個具備堅強毅力、誠實和敢承擔責任的人，在能堅守公私分明的做人原則與積極上進的特質中，我們看見了公司眞正需要的人才。」

就公司培養人才的成本上來看，擁有資深的工作經驗，確實是公司尋才的

重要指標，但經驗再多的人不見得是最好的人才。

我們曾經聽說自恃甚高的人才，經常和公司主管造成對立和衝突，其中無法溝通的最大原因，卻也經常是：「因為我身經百戰！」

怎樣的人才對公司最好，而期望能成為夢想公司一員的人，兩者之間最好的結合關鍵，必是建立在正確的互助觀念上。

故事中的兩塊錢，不僅換得了年輕人的成功機會，也讓經理換得了一個絕佳人才的機會。

換個角度說，年輕人的求職態度與經理用才的轉念，不正是我們在這個競爭激烈的資本社會中，時時刻刻都要自我提醒的成功要訣？

在關鍵的時刻要有關鍵的決定

生活中，我們要小心踏著每一個步伐，面對危險時，能懂得把握關鍵時刻，才能掌握住人生的最重要時機。

面對困難的時候，多數人都習慣先停下來，然後評估其中的嚴重性，才決定下一步的動作。

但接下來的行動，卻經常有人因爲錯估形式，而讓事態更爲嚴重，甚至就此失去了補救的機會。

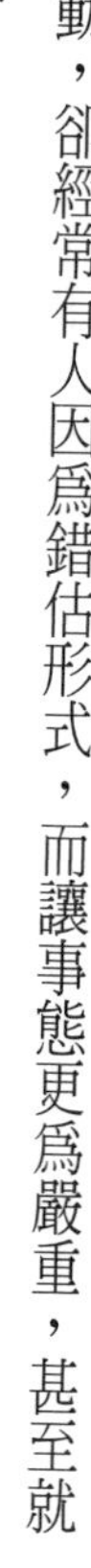

有個男子正開著車在茫茫的荒漠中行進，然而就在夜幕低垂之時，車子忽然停止不動了。

男子看了看油錶，放心地說：「原來沒油了！」

於是，他開門下車，走到後車廂中取出預備的油料。

但就在這個時候，他卻發現，遠處的荒漠中隱約閃爍著無數個可怕的光點。當那些暗藍色的光點慢慢逼近時，男子這才吃驚地發現，那些光點竟然來自一群看起來相當饑餓的狼。

只見男子立即回到駕駛座裡，大氣也不敢出一聲，他沉著氣，安撫著自己的情緒：「放心，我不會被狼群發現的。」

但是，男子忘了野生動物們靈敏的嗅覺，一下子，惡狼便將車子重重包圍，還陰森森地吼叫著。

忽然，有隻膽大的狼跳上了車頂，接著又站立在駕駛座前方，透著玻璃惡狠狠地盯著他看。

這時，男子不禁嚇了一身冷汗，驚慌之間，他的手忽然碰觸到座位下的一

枝用來防身的獵槍。

只見他微微地開啓玻璃窗，並對著外面的狼群放了一槍。

「砰！」在這寂靜的荒漠中，槍聲相當響亮，當然也驚嚇到狼群，只見牠們四下逃竄，躲得遠遠的。

看著狼群離他遠去，男子放心地吐了口氣，靜靜地坐在座椅上，並在座椅四周尋找其他子彈。

然而，當時間過了十五分鐘後，男子這時才突然想到：「我在做什麼？我應該先把車子加滿油，快點離開才對啊！我怎麼這麼蠢啊！」

但是，錯失了第一時間的他，一打開車門時，只見狼群迅速地席捲而來。

第二天清晨，路過的司機發現現場的慘況，無不納悶著：「咦？他車廂裡有油啊！爲什麼不快點加滿油後離開呢？」

從這個小故事當中，看著錯失了第一求生時機的男子命喪荒野，不知道你

得到了多少啓發？

生活中，我們當然要小心踏著每一個步伐，但無須給自己過度的恐嚇，讓生活過得太緊張。

面對危險，在小心翼翼地跨越之時，能懂得把握關鍵時刻，才能掌握住人生的最重要時機。

就像故事中的男子，是躲在車廂裡休息片刻重要，還是立即衝出車外，將油箱加滿才是上策呢？在這攸關性命的片刻，能迅速地多一個轉念，男子自然能保住性命。

面對批評，不必忿忿不平

聽見批評時，不是停下來觀望，而是繼續前進，並不斷地修正與補強，如此才能從「你是錯的」進步到「你是最好的」。

沒有人一步就能飛躍天際，即使能一飛沖天，在尚未站穩雲端的情況下，隨時都有跌下來的危險。

遭遇失敗、挫折，面對不如己意的境況，千萬別讓那些負面情緒綁架自己的思緒，導致自己走向愁苦陰霾的黯淡人生，而要保持樂觀的心情，讓自己面向燦爛的陽光。

在一場名流雲集的宴會上，有個男子忽然從袋子裡拿出了一個小套子，接著對大家說：「親愛的朋友，我們都需要這樣的套子。」

他這個奇怪的舉動，很自然地吸引了在場所有人的目光，但是，他們沒有想到那竟是一個「保險套」。

他這個舉動讓現場的氣氛登時凝重了起來，許多人搖著頭說：「他該不會是來搞破壞的吧？」

忽然，美妙的音樂響起，瞬間沖掉了尷尬的氣氛，畢竟對這些保守派的貴族們來說，這個奇怪男子的出現，簡直就是一場噩夢。

正當他們準備在大廳裡翩翩起舞時，男子竟開始忙碌起來。他穿梭在人群之中，並悄悄地將保險套當作自己的名片，認真地發給現場的每一位男士，至於遞給女士們的，卻是五顏六色的避孕藥。

從這天晚上開始，男子遭受到來自各方的指責，面對這些前所未有的壓

力，男子似乎有點承受不了了。

在這些斥責聲中，他忽然對於自己的事業產生了懷疑。

但是，就在這個時候，泰國國王卻對他說：「我覺得你這樣做沒有什麼不妥，那是你的事業，一旦你放棄了，你仍然將聽到責罵聲。但是，只要你努力下去，你就會聽到另一種聲音，只要你改變了他們的價値觀。」

聽見泰王的支持，男子從此更加積極地推廣安全性行爲的計劃。他不僅在貴族的宴會上宣傳，連在公衆場合中也大方推廣著，甚至還請商人在各式女用衣物中，印上「一天一個保險套，就不用找醫生」的標語。

但他的每一項推廣行動，仍然讓許多人困擾不已，因爲許多人還是沒能了解他的宣傳目的與用意。

但在男子的心中有這麼一個信念：「沒關係，只要能讓人們從計劃生育和性的薄紗中解脫出來，相信不久的將來，大家便會懂得這個小玩意，其實是個有趣而又文明的東西。」

經過十多年的努力，男子的付出終於得到了回報，因爲出生率一直居高不

下的泰國，在他的戮力推廣下，終於不再承受出生人口過高的壓力了，幾年下來，全國的人口成長率從百分之三降到了百分之一。更重要的是，因爲保險套的廣泛使用後，愛滋病的傳染情況也有了減緩趨勢。

如今，這個男子的名字可說是泰國避孕用品的代名詞，泰國人甚至還視他爲民族英雄，他的名字就叫麥克爾．威達。

後來，美國總統雷根宣誓就職時，麥克爾．威達爲了表示賀忱，特別寄送一封祝賀信給他，隨信還附了一盒保險套和一張免費進行避孕手術的小卡。

而幽默風趣的雷根，一看見這樣的小禮物，不禁面露微笑，並請助理回信，信中他寫著：「嗯！你的事業可以與上帝的事業媲美。」

「開始之時，總是最辛苦的！」看見麥克爾．威達終於成功的情況，這句話再次獲得了證實。

但是，當我們再看見麥克爾．威達，不畏艱難繼續前進的努力時，相信許

多人也得到了不少激勵吧！

很少有人能只有一步就踏上成功的目標，過程中必定有許多挫折。所以，當麥克爾．威達累積了那麼多的辛苦腳步後，我們也看見他長久發展的事業，更看見他從中印證的人生價值。

有阻礙，我們就越要有挑戰的勇氣，就像泰王對麥克爾．威達說的：「即使你退縮了，人們的批評聲浪並不會因此而消滅，反而會因為你的退縮，讓人們有更多的理由，批評你是錯的！」

所以，聽見批評時不必忿忿不平，我們下一步真正要做的，不是停下來觀望或轉換跑道，而是繼續前進，並不斷地修正與補強，如此我們才能從「你是錯的」進一步到「你是最好的」。

不要讓你的企劃書變成一堆廢紙

如果我們有鍥而不捨的「執行力」和「決心」，計劃表上的白紙黑字必定能逐一實現，而不會是一堆不斷被回收的廢紙。

看看手中的企劃書，從第一項到最後一項，你發現哪一項是最艱難的呢？別擔心，越困難你就越要堅持下去，越要有突破的毅力，因爲幾乎所有的奇蹟，都是在最艱困的時刻出現。

一九六八年的春天，舒樂博士立志在加州建造一座水晶大教堂。

他向著名的建築師菲力普表達自己的構想：「我要的不是一座普通的教堂，我要在人間建造一座伊甸園。」

菲力普問他：「那你的預算有多少？」

沒想到舒樂博士竟說：「我現在一分錢也沒有，所以不論預算是一百萬美元，還是四百萬美元，對我來說都沒有區別，重要的是，這座教堂本身要具有足夠的魅力來吸引人們捐款。」

菲力普點了點頭，最後他估算出教堂的所需花費，預計是七百萬美元。

當天夜裡，舒樂博士拿出一張白紙，並在最上面寫上「七百萬美元」，然後又寫下十行字：「一、尋找一筆七百七十七美元的捐款；二、尋找七筆一百七十五美元的捐款；三、尋找十四筆五千零七十七塊美元的捐款；四、尋找二十八筆二千五百七十七美元的捐款；五、尋找七十筆一千零七十五美元的捐款；六、尋找一百筆七百七十七美元的捐款；七、尋找一百四十筆五百七十七美元的捐款；八、尋找二百八十筆二萬五千美元的捐款；九、尋找七百筆一萬美元的捐款；十、賣掉一萬扇窗，每扇七百美元整。」

六十天後，舒樂博士用水晶大教堂奇特而美妙的模型打動富商約翰・可林，他立即捐出了第一筆一百萬美元。

第六十五天，一對曾聽過舒樂博士演講的農民夫婦，捐出了第一筆一千美元；第九十天時，一位被舒樂博士感動的陌生人寄來了一張一百萬美元的支票。八個月後，一名捐款者對舒樂博士說：「如果你的誠意與努力能得到六百萬元，那剩下的一百萬元由我來支付。」

第二年，舒樂博士以每扇五百美元的價格，請求美國人認購水晶大教堂的窗戶，付款的辦法爲每月支付五十美元，分十個月付清。

六個月內，一萬多扇窗全都售出。一九八〇年九月，歷時十二年，可容納一萬多人的水晶大教堂終於完工，那是一座世界建築史上的奇蹟與經典，也是前往加州的人必定會去瞻仰的勝景。水晶大教堂最終的造價爲二千萬美元，這筆錢全靠舒樂博士一點一滴地籌集而來。

有人說，舒樂博士的水晶教堂是一項奇蹟，這的確是個令人讚嘆的奇蹟，甚至也是項空前絕後的紀錄。

其實，我們從舒樂博士的筆記中，便看見他貫徹執行的決心，當他寫好了這十項募款計劃，相信他也已經清楚地看見了募款的目標。

面對我們訂下的任何計劃，你是否也曾像舒樂博士那樣充滿自信呢？

換個心情，就能心想事成。奇蹟不是一個意外的結果，而是我們原本就計劃好的成功目標。之所以會被人視爲奇蹟，那是因爲多數人在評估企劃書時，低估了每一個人的潛能，也在不斷地遭遇困難的過程中，忽略了一路累積下來的成功階梯，於是當計劃依步驟完成之時，仍陷在「質疑的氣氛」中的人們，這才不經意地發現：「竟然成功了！」

看完故事，我們也看見了絕對的「執行力」與一定成功的「決心」，是水晶教堂成功建成的重要基礎。

如果我們有鍥而不捨的「執行力」和「決心」，計劃表上的白紙黑字也必定能逐一實現，而不會是一堆不斷被回收的廢紙。

立下志願，就要讓它實現

在實現目標的道路上，必定會有各式各樣的阻礙，也會遇到無法預料的挫折，讓許多人才剛跨出，旋即害怕退縮。

什麼是最好的人生目標，標準只有一個，那便是面對這個夢想目標，持續堅持下去，盡全力做到最好。

這天，中川老師給即將畢業的學生們出一道作文題目，他在黑板上寫下了「今後的打算」四個字。

寫作時間結束，中川老師開始閱讀一個個偉大的目標，有人寫著：「我以後要當一名大公司的職員！」

也有人期許自己：「我要成為一個科學家！」

當然，也有人希望能成為一名醫生，救助需要幫助的人。

中川老師認眞地批閱著，在這些多元的願望中，他發現了兩篇文章最令人感動。一篇是學業成績表現不佳，但性格相當開朗的岡田三吉所作的，另一篇則是罹患小兒痲痺症的大川五郎所寫。

岡田三吉寫道：「在我很小的時候，爸爸就去世了，我對他的印象幾乎是空白的。但是，當我聽說爸爸是個手藝高超的鞋匠時，我便決定，未來我要做日本第一流的鞋匠。」

而大川五郎的願望則是：「我自知身體不如人，無法像普通人那樣能做很多工作。不過，我很幸運，有個在東京做裁縫的親戚願意給我學習的機會，雖然我的動作不甚靈巧，但是只要我努力學習，我一定能做出最漂亮的衣服，我想，將來我要做一名日本第一流的裁縫。」

看完這兩篇文章，中川老師不禁微笑：「好，日本第一流的人物！」

畢業典禮結束時，三吉和五郎上前向老師道別。

「老師，我決定明天就到金澤市的岡田鞋店工作。」三吉滿臉自信地說。

這時，五郎小臉上泛著紅暈，也大聲地對他說：「老師，我要前往東京了，不久之後，我就要成爲一名裁縫師了。」

中川點了點頭，笑著說：「嗯！你們都要朝著做日本第一流的方向出發，也要朝著日本第一流人物的目標前進。孩子，不論這條道路多麼艱難，你們都不要洩氣喔！」

少年用力地點著頭，他們聽見老師的鼓勵，對於自己的未來也充滿了信心和希望。八年以後，他們果然分別成爲日本第一流的鞋匠與裁縫師，人們只要來到東京，向當地人問起鞋匠三吉和裁縫五郎，幾乎每個人都豎起大拇指說：「好！」

翻開年少的記憶簿，你是否也想起當時曾許下的人生目標？闔頁省思，目標如今是否已如願達成了呢？

每個人都一定會有夢想，也一定會有心中最想做的事，然而，在實現目標的道路上，必定會有各式各樣的阻礙，也會遇到許多無法預料的挫折，這些難關讓許多人才剛跨出，旋即就因爲害怕而退縮，甚至連夢想和目標也慢慢地被擱置了。

至於能實現目標的人，不是因爲他們的機運比別人好，也不是他們的天賦比別人強，只是他們和三吉與五郎一樣，始終都相信：「我的目標一定能實現，我一定能成爲日本的第一流人物！」

堅毅與自信是他們成功的關鍵，當然也是無法達成目標的人最缺乏的條件。每一個夢想都有實現的機會，只要我們在立定目標的那一刻，能和三吉、五郎一起將中川老師的勉勵銘記在心：「再艱難，你們都不要放棄，我相信你們一定會成功！」

「模稜兩可」也是一種說話技巧

以模稜兩可的方式來導言，這不僅能技巧性掩蓋對於眼前人物認知上的不足，也能避免掉不必要的誤謬。

在一般情況下，話語裡充滿了「模稜兩可」這四個字，代表著說話的人不夠誠懇，也不夠負責。

但是，如果換個角度來評斷，當我們爲了解決紛爭或突然的衝突時，模稜兩可的話語，反而能沖淡彼此緊張對立的氣氛。

在對立點模糊之後，我們不僅能找到整理情緒的空間，也能進一步讓彼此進退皆宜的有利空間。

喬治是美國一位著名的宴會祝詞專家，一生中參與過的宴席實在難以計數，當然，因為他的開場祝詞，而讓宴會圓滿達成的數量更是無法細數。

不過，在這麼多成功宴會中，有一場卻差點破壞了他的圓滿計劃。

那是一年一度的禁食節，原本在飯店裡休息的喬治，忽然被兩名惡棍強行帶走，強迫他去參加一場名為「約尹．史密斯」的黑道宴會。

喬治一聽到是幫派的宴會，立即拒絕道：「對不起，我不知道誰是史密斯先生，我不知道怎麼該撰寫他的祝詞啊！」

兩名小混混一聽，只說：「他是一個很重要的人物！」

在宴會廳上，喬治被架上了講席台，台下的客人們則正在開懷暢飲，熱鬧非凡。當喬治被架上台時，現場登時安靜了下來，全心等待這位著名的祝詞專家怎麼恭維他們的大哥。

喬治見狀更加緊張，深怕一不小心說錯了話讓自己小命不保。

喬治小心翼翼地問著身邊的人：「關於史密斯先生，我可以說些什麼?他又有些什麼成就呢?」

台下的人答道：「你在幹什麼?你不是很聰明嗎?」

喬治緊張地吞嚥了一口水，接著又看著台下開始狂飲的大哥們，竟嚇得渾身發抖了起來。

最後，他用力地抽了一口剛剛接到手上的雪茄，吐出了一口煙後，便大聲地說：「各位，這將是我永生難忘的一場宴會!你們看看我，我眞是愚笨啊!能參與你們的盛會，且能爲偉大的史密斯先生的好好地表揚一番，那是一件多麼榮耀的事。大家想想，是誰渡過了德拉瓦河?又是誰解放了黑奴?是誰發明了電?又是誰戰勝了三凡山之役呢?也許，這些不是史密斯先生的功勞，但我知道，如果老天爺也給了他這樣的機會，他一定也能完成這些偉大的功績!你們說，是不是呢?謝謝!」

多數人習慣在模糊與直言之間，選擇一個絕對的溝通方法，而熟知我們的人確實也能體會其中的眞正含意，但是萬一遇上了不熟識我們性格的人呢？他們又是否能夠體會，在我們慣用的「絕對」中所隱含的本意呢？

就像故事中的喬治，習慣先了解背景與熟知表揚對象之後，再提出正確且直接的讚揚，所以當他被迫爲黑道大哥發表讚美詞時，因爲不熟悉人物背景，也無法確定當下的宴會屬性，因此他知道，如果選擇「直接陳述」，那必然埋伏著說錯話的危機。

所以，他以模稜兩可的方式來導言，不僅技巧性掩蓋他對於眼前人物認知上的不足，也避免掉不必要的誤謬；在避開了可能的言語誤解之後，他總算在這樣的非常場所中獲得「天助自助」的奧援。

成功只有途徑，沒有捷徑

「肯付出，不怕辛苦！」
這幾乎是所有成功者
踏出第一步後的重要寫照，
因為他們堅持相信：
「有付出就一定會有收穫！」

能反省過去才能面對未來

生活就是如此，沒有深刻的自省，就無法修正自己的錯誤，錯誤無法修正，又如何能重新展開自己的精采人生呢？

英國心理學博士葛雷姆．華特說：「思想就是力量，妥善運用思想的力量，我們既可以塑造自己，也可以改變環境。」

現代人面臨著層出不窮的危機與困厄，要使自己遠離生命的陰霾，最好的方法是改變自己的心情，用正面的心情看待發生在自己身上的事情，如此生命才會充滿陽光。

面對已經過去的昨日，你會用多少時間來評斷審視自己？面對曾經犯下的

錯誤，你又會用多少時間來反省自己？當你認真反省過後，你又會用多少時間來糾正自己？

握緊雙拳而來的我們，最終都將攤開雙手而去，過去和未來的關係該怎麼連接，或許就在「緊握雙拳」時懂得「攤開雙手」中找到串連。

不久之前，有件事深深地啓發了凱斯。

那天早上，因病長住醫院的凱斯，正準備到對面大樓接受幾項檢查。坐在輪椅上的凱斯，在護士的推移中慢慢地穿過了醫院的迴廊，接著則穿過了一個小院子。

許久沒有走出病房的凱斯，一出病房便感受到迎面而來的光照，忍不住嘆道：「哇，好溫暖喔！」

護士笑著對他說：「嗯，太陽很美！」

凱斯抬頭看著天空，陽光此刻正溫暖地關照著他整個身子和一顆冰凍許久

的心。他伸手托著灑落的光線，心想：「這陽光多麼美麗，太陽的光輝實在媚人啊！不知道有多少人和我一般，正快樂地享受這和煦的陽光？」

凱斯想到這裡，忍不住看了看四周的人們。

但是，他始終只看見來去匆匆的人影：「唉，眞可惜，怎麼沒有人欣賞這個燦爛金光呢？」

忽然間，他想起了過去的自己：「我過去不也是這樣嗎？每天讓自己困在日常事物中，對於大自然的一切良辰美景，我不也無動於衷嗎？」

一番自省後頓悟，凱斯爲自己重建了一個新的人生觀：「要好好地把握住美麗生命中的每一刻！」

看著凱斯從陽光中看清昨日的自己，我們似乎也看見自己的昨日之非。

每個人都有昨日，只是有人選擇遺忘昨天，用以關閉明天必須面對的現實。當然，也有人像凱斯一般，勇敢打開、面對昨天門扉裡的一切，也虛心、

坦然地接受明天的指正，這是爲了讓今天的陽光繼續照耀自己的未來。

生活就是如此，沒有深刻的自省，就無法修正自己的錯誤，錯誤無法修正，又如何能重新展開自己的精采人生呢？

在人生的進退之間，在生活的取捨之間，我們都背負著許多考驗與抉擇。只是，無論如何，都要記住凱斯在文中所想表達的醒悟：「人生這樣美好，為什麼要浪費時間在焦慮與愁煩中呢？也許昨天已經過去，但昨天失去的，我們一樣能在今天找回。時間在我們手上，陽光在我們心中，你我的人生沒有所謂的好與壞，只有能否開懷面對的勇氣罷了！」

成功只有途徑，沒有捷徑

「肯付出，不怕辛苦！」這幾乎是所有成功者踏出第一步後的重要寫照，因為他們堅持相信：「有付出就一定會有收穫！」

在許許多多的成功個案中，無論過程解釋得多麼仔細深入，我們始終都無法完全體會，因爲，一切得靠我們親自去驗會。

白手興家的美國鋼鐵大王安德魯．卡內基，是世界公認的成功人士，而他的成功則是從小打好的基礎。

爲了分擔家計，卡內基十歲時便進到一間紡織廠當童工。雖然工作一週只有一美元二角的報酬，但是卡內基從來不埋怨，反而更加積極地找尋其他的賺錢機會。

不久之後，他找到了看管燒鍋爐與油槽浸紗管的工作，雖然油池的氣味令人作嘔，雖然待在炙熱鍋爐旁邊十分難受，但是卡內基始終都緊咬著牙，告訴自己要堅持下去。

卡內基還知道，他除了要努力地賺錢外，更要積極地充實自己。他對自己說：「我不能潦倒一生，我要積極奮發，努力學習！」

於是，白天工作，傍晚則進夜校讀書，慢慢地他從一般會計演算進階到專業會計課程，這些都是他後來成就鋼鐵王國的基礎。

一天，卡內基下課後，父親對他說：「孩子，匹茲堡市的大衛電報公司，正缺一個送電報的小差，你有興趣嗎？」

卡內基一聽，連忙道：「好，這是個機會！」

第二天早上，卡內基穿上全新的衣飾，與父親一同前往大衛電報公司。

來到公司門口，卡內基忽然對父親說：「爸爸，我想一個人單獨進去，您先在這裡等我吧！」

父親明白地點了點頭，接著說：「加油！」

於是，卡內基獨自一人走到二樓的面試官前。

大衛先生仔細地打量了這個蘇格蘭少年，問道：「匹茲堡市區的大小街道你熟悉嗎？」

卡內基語氣堅定地回答：「不熟，但是，我保證會在一個星期內將每一個彎道都記住，並把匹茲堡內所有街道名記熟！還有……」

卡內基接著又補充道：「雖然我的個子很小，但是我跑步的速度很快，絕對不會耽誤送電報的時間，這點請您放心！」

大衛先生聽見卡內基自信滿滿地保證著，滿意地笑著說：「好，周薪二塊半美元，而且要從現在開始工作喔！如何？」

卡內基一聽，連忙點了點頭！

就這樣，卡內基邁出了人生的第一步，當時他只有十四歲。短短不到一個

星期，身著綠色制服的卡內基實現了他面試時許下的諾言。

兩個星期後，他連郊區的路徑也瞭若指掌，個兒小卻勤快的他，很快地便得到全公司的肯定與認同。

一個月後，卡內基被單獨留下，當他跨進總經理辦公室時，大衛總經理拍了拍他的肩膀說：「小伙子，你比其他人更加努力、勤勉，所以從這個月開始單獨為你加薪，以後每周改為十三塊半美元。」

一年後他更坐上了管理階層的位子。

從學習打電報到熟悉發送電報，日積月累下來，卡內基就像在一所商業學校裡學習專業商務，在滴答滴答的打電報聲中，慢慢地累積了未來事業的地基。在這段難得的工作環境中，卡內基說：「我人生階梯上的第一步，正是從當時開始！」

有位企業主曾說：「成功有途徑，但沒有捷徑。」

所以，我們看見卡內基在故事中「一步一腳印」的努力過程，也聽見他認眞踩踏在人生階梯上的步伐聲，其中點滴付出的努力，似乎無法用一句話「成功沒有捷徑」解釋得完。

相同的，希望獲得成就的我們，始終得靠自己去實踐與體驗。

「肯付出，不怕辛苦！」這幾乎是所有成功人士踏出第一步後的重要寫照，就像故事中的卡內基一般，他們不怕付出，因爲他們堅持相信：「有付出就一定會有收穫！」

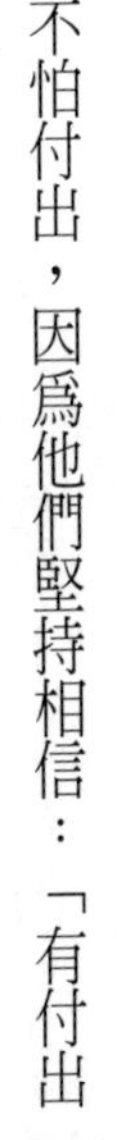

給對方一個將功贖罪的機會

在非常時候，給對方再一次機會，不是非婦人之仁的表現，而是另一種糾正錯誤的輔助方法。

沒有人會是完人，對於那些能用心面對錯誤，決定痛改前非的人，我們何妨再給他一次機會？

因爲，他們未來的發展與改進的空間，經常超過我們所想像，甚至也超越他們自己所預料的。

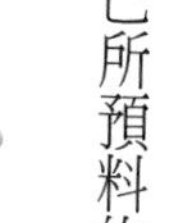

宋太祖建國初期，有個軍校向朝廷誣告巡使郭進未按軍法治理西山，還造謠郭進亂施淫威，令小老百姓痛苦不堪。

宋太祖看完奏章，立即派人將前因後果了解一番，最後發現這個軍校竟是誣告，於是宋太祖下令：「將這個軍校交給郭進，由他親自處決這個擾亂軍心的叛徒。」

然而，正值北漢軍隊大舉入侵的危險時刻，郭進實在不想在這個非常時候審理此案，忽然，他想到了折衷的方法。

郭進對著這個軍校說：「你竟然敢向朝廷捏造我的是非，膽子實在不小啊！不過，我今天饒你不死，只要你能打敗眼前的北漢敵軍，我不僅會保住你的性命，更會向朝廷薦舉你升官。」

這個方法果然奏效，軍校一聽，連忙跪拜謝恩，隨即趕赴前線，奮勇殺敵。郭進不僅換得一名勇士，此役更因此而大捷歸來。

郭進也信守承諾，當勝利消息傳回兵營時，便立即寫好奏摺上奏朝廷，請求太祖能賞賜給這個軍校一官半職。

但是，宋太祖看完奏摺時卻說：「什麼？他陷害忠良大臣，竟想憑這點功勞贖罪？」於是，太祖又把軍校送回到郭進面前，要讓郭進自行處決。

郭進看見軍校被遣送回來，得知宋太祖拒絕賜官，於是他決定親自上朝，請求皇上答應。他對宋太祖說：「皇上，如果您使我失信於人，這恐怕會讓微臣再也找不到可用之才啊！」

太祖聽見郭進這麼解釋後，只得答應郭進的要求。

識才也惜才的郭進，深知給予懲罰，不如給人一個將功贖罪的機會，因爲那不僅能夠擄獲人心，更是維持社會秩序與正義的最佳方法。

在非常時候，給對方再一次機會，不是非婦人之仁的表現，而是另一種糾正錯誤的輔助方法。當郭進退讓一步留給對方多一步的改進空間時，我們確實也看見了軍校努力彌補的力道。

人非聖賢，孰能無過？當我們犯錯時，不也希望得到別人的原諒與再一次

努力的機會嗎？

那麼，我們換個角度想，當別人犯錯的時候，我們是否也願意再給對方一次機會將功補過呢？

沒有人希望從此一蹶不振，也沒有人能接受人們的一再否定，我們都是需要被肯定與鼓勵的人，也更渴望從錯誤中重新站起的人，這是身爲人的共同特徵，也是每一個生命的內在精神。

因此，我們要像郭進一樣，堅定地相信：「再給他再一次的機會，也等於給自己一次機會，因為當我們願意施恩於人時，我們一定會接到他們感恩圖報的回應。」

信守諾言是個人價值的最好投資

一個信守諾言的人才會得到他人的信賴與尊敬；謹言慎行，避免失信於人是人生應有的價值觀。

「信守承諾」不僅是做人處事最簡單的觀念，也是我們日常生活中必須建立的基本態度。或許，實踐承諾後會有一些犧牲，但是無論過程中犧牲了多少，最終我們都會得到一定的回報。

路克是美國猶他州土爾市的一位小學校長，在他四十二歲那年曾爲「一個

諾言」，在雪地上爬行了將近二公里的路程去上班。那天是他第一次遲到，因為他爬行了將近三個小時後才到達學校。

關於「一個諾言」故事的緣起，起因於學期初，為了激勵全校師生們的閱讀熱情，路克校長向全校師生說：「只要你們能在十一月九日前，讀完約十五萬頁的書，那麼我會在九號那天用爬的方式來到學校。」

從校長宣示那天開始，全體師生真的開始展開閱讀活動，連附設的幼稚班小朋友們也加入了。

在全體師生通力合作下，他們真的在十一月九日前讀完了超過十五萬頁的書籍。使命達成的那天，便有學生打電話到校長室問路克：「校長，您說的話還算不算數呢？」

後來，也有人勸他說：「校長，您已經達到了激勵學生的目的了，不用真的去爬了，那太辛苦了。」

但路克校長卻堅定地說：「不行，我已經說出口了，就一定得做到。」

一九九八年十一月九日，路克一如往常地在七點左右走出家門，只是接下

來的動作與昨天不同。

只見路克校長在家門口跪了下來，接著四肢著地，開始「爬行」。經過愛車的身邊後，他考慮到交通與安全問題，於是便朝著路邊的草地上爬去。「叭！」他身邊忽然傳來喇叭聲，原來是來往的車輛發現了校長，紛紛鳴笛鼓勵。

不久，竟然有學生也加入了校長的爬行行列，甚至還有新聞台SNG連線，報導這位校長執行「諾言」的經過。

經過了三個小時的爬行，路克校長一共磨破了五副手套和一套護膝，但無論如何他實踐了諾言，師生們也更加敬愛他們的大家長——路克校長。

當路克校長抵達校門口的那一刻，全校師生不僅夾道歡迎，還有家長也趕來歡呼。路克從地上站立起來的時候，孩子們忽然蜂擁而上，每個人都將他視爲英雄人物，個個都想擁抱、親吻他。

我們不必成爲人人羨慕的名人，只要努力成爲一個受人敬重的小人物即可。就像故事中的校長，他用「信守諾言」來增值個人價值，也用「堅守承諾」的具體實踐來教育他的學生們。

看著校長的爬行，相信沒有人不受感動，我們也從他信守承諾的行動中，看見他人生價值的無限提升。

從中，我們了解信守承諾的重要性，對於言語謹愼的重要性也有了更進一步的認知。

知道了「避免失言」也等於減少「失信於人」的機會，那麼當我們下一次準備開口說「我答應」前，別忘了確實評估自己實踐的勇氣與能力。

要把每一件事都做到最好

堅持最好是所有成功者的追求目標，因為他們會把每一次都視為最後一次，並一次又一次的堅持下去。

成功人士的人生態度是：「面對挑戰，全力以赴！」

能夠以堅定的信心朝著自己的夢想前進，也能夠不辭辛苦全力以赴的人，必定能完成自己的理想，甚至還會收到意想不到的成功果實。

卡特總統是個十分勤於反躬自省的人，不僅樂於面對自己的缺點，而且經

常積極修正自己的缺點。

勤奮且自律的卡特，相當堅持這樣的理論：「一個人只要有積極思考的力量，他的成就便無可限量。」

所以，卡特總統的朋友們都一致認為：「他是個最守紀律的人！」總統的助手漢密爾頓．喬丹也肯定地說：「卡特總統的性格是，無論做什麼事都要全力以赴。」

對那些未盡最大努力的人，卡特經常在對方的面前直接表現出無法容忍他們犯下缺失的態度。

任職州長時，卡特與一位專辦亞洲事務的專員約好要同機洽公，許多人在那天也見識到卡特的嚴謹。

那天上午七點整，卡特早已坐在機艙內等候了，而那位專員此刻才匆匆忙忙地從航空站的跑道上奔跑過來。

由於起飛時間已經到了，雖然這是公務機且機身正好在跑道上滑行著，而大家也看見了那個專員，正氣喘吁吁地朝著飛機的方向奔來，卡特仍然厲聲命

令駕駛員：「準時起飛！他不能準時登機，是他自己的責任問題。」

擔任州長時，卡特便具有著超人的決心，後來他決定要參選總統時，便著手寫下了他的第一本自傳，書名爲《爲什麼不是最好的》。

入主白宮之後，卡特總統仍然繼續對他自己與國家，提出許多高標準的要求。他在就職演說中說：「我們都知道，『多一點』未必是『好一點』，即使我們身處這個偉大的國家中，仍然有無可避免的侷限，所以，我們既不能回答所有的問題，也不能解決所有的問題。不過，只要我們能以大多數人的利益爲宗旨，以犧牲個人利益去謀取大多數人利益爲指標，那麼，我們就一定能把每件事都做到最好。」

這種嚴謹的治國態度是卡特成功的基礎。

美國樂評家貝瑞特說：「即使遇見一萬次的失敗，我仍然會盡全力堅持下去，因為成功的肯定只要一次就夠了。」

盡力與積極是每一位成功者的共同元素，堅持最好是所有成功者的追求目標，因爲他們會把每一次都視爲最後一次，並一次又一次堅持下去。

堅持著「要把每件事都做到最好」的卡特也是如此，所以我們會看見卡特的嚴謹生活，更看見他的非凡成就。

重新審視自己的生活態度，是否有許多事是在「這樣就好」或「明天再說」的態度中擱置呢？

試想，在這樣模稜兩可且消極懶散的態度下，怎麼可能抵達成功的彼岸呢？文中的卡特不是這樣告訴我們：「只要我們能盡力做到最好，那麼我們自然能發揮無限潛能，並自然而然地擁有無可限量的未來。」

面對不合理絕不輕易讓步

我們退讓一步，如果已經讓對方達成前進的目標，接下來就應該要讓對方知道，我們也有自己要堅持固守的底線了。

面對不合理的要求，就別再繼續退讓，聰明的人知道什麼時候退，什麼時候要有所堅持。

因爲他們知道，其中將關照到的人並不是只有自己，還包含維護團隊的整體利益，與其中既定的秩序與法理。

新力公司成立十五周年之時，公司方面決定舉辦一場盛大的紀念會來宣揚新力公司的理念。

但是，有部分員工卻想利用這次紀念會舉行罷工活動，趁著各方關注的情況，向公司要求提高福利等訴求。

公司主管人員聽說了這件事後，立即展開協商與對談。大多數員工都很爲公司著想，他們在與主管們溝通之後，都同意當天不會出現鬧場了，不過仍然有少部份員工不願退讓。

強硬的盛田昭夫與工會進行了多次談判，最終都毫無結果，於是公司宣傳部門決定重新規劃宴會場所，希望能更改地方，避免發生意外。

慶祝日越來越近了，工頭們也越來越神氣了，抱持著「不求和」的態度，只期待公司「完全退讓」。

紀念會的這天早上，罷工人群正包圍了公司的辦公室大樓，街上也有許多零散的抗議聲，甚至有人還高舉著斥罵新力公司和池田首相的標語。

所幸，盛田昭夫早已做好準備，將預定地變更後，還分批以電話通知將近

三百位的嘉賓新的宴會地點，至於公司門口的抗議員工們，則交由內部其他支持員工去進行溝通與勸說。

不久，罷工人群發現貴賓們一直都沒有出現，原先還以爲公司已取消了此次活動，後來他們才知道，原來是地點改了。

宴會最後順利落幕，而抗議員工們在發現自己出盡洋相後，很快地便散會了。紀念會圓滿結束，池田首相等也平安地出席了這場盛會，首相在致詞時說：「新力公司這次的處理方式十分用心，他們在處理極端份子的態度上很值得大家學習。」

從此，公司由上而下相處得十分融洽，因爲他們知道：「無論是上級主管或是基層員工，都是公司內最重要的人物！」

在業主與勞工之間，到底要怎麼才能取得權益的平衡，這確實有賴雙方好好溝通協調，只是在進行協商之前，無論我們扮演勞資的哪一個角色，都應該

要為對方「多想一想」。

我們從故事中新力公司主管及員工間的對立，仔細思考其中的問題所在，相信任何人也無法做出最正確且合理的批評，畢竟勞工與業主確實各有各的考量和立場。

其實，何時要退讓，什麼時候要堅持，決定的標準很簡單，只需要從「大多數人的利益」考量即可。

我們退讓一步，如果已經讓對方達成前進的目標時，接下來就應該要讓對方知道，自己也有要堅持固守的底線了。

當有一方願意退讓後，另一方也該有所節制，不該抱持「乘勝追擊」的態度。因為，在團體中的合作關係，應當是「互助」與「體貼」，無論世界多麼功利化或個人化，我們始終都離不開「群體關係」。

所有的功勞都是別人的

不需邀功，也不需要爭名逐利，能快樂地享受自己的人生，能自在地活出自己，這才是享受且成就人生的最好方式。

無論我們最終擁有什麼樣的名聲或成就，都有許多要感激的人。因爲，沒有一個人的成就可以完全獨立達成，也沒有人可以阻絕他人的幫助，而獨自完成一件任務。

一九三一年，盧瑟福因爲科學上的成就，被英國政府授予極高的勳爵封號。

但是，每當盧瑟福聽見這類封號與讚美時，從來都不願把這些榮譽視為理所當然，甚至還經常拒絕接受表揚。

他經常聲明：「我不想接受這些勳爵，因為它對我這樣的科學家來說，是一件很不利的事。」

除此之外，盧瑟福更常將自己的成就歸功給他人，他總是懷著無限感激的情感，仔細記述那些曾經幫助過他的朋友或團體。

例如，一九三二年，他便向一位採訪記者說：「關於原子轉變的第一個發現者，其實並不是我。在這裡，我要正確地說明一下，這份科學榮譽應當屬於麥克吉爾大學的。」

接著，他進一步指出，一九〇二年到一九〇四年間他所積累的實驗證據，其實是由索迪與他一起完成的。他還明確地指出：「總之，我這些年來每一樣激越人心的發現，第一步確實都是在蒙特利爾完成的。」

不願獨自居功的盧瑟福，從來都不願意把榮譽和成就都記到自己的功勞簿裡。他說：「科學家的成就無法單靠一個人的力量或思想獲得，它必須依靠幾

千人的智慧一起找出問題和答案。每一個問題都必須依賴不同的人分別找出答案，然後再做最後的匯整與反覆佐證，最終才能找出最正確的答案。」

這是謙虛的盧瑟福對於自己成功的解說，他不想把功勞全歸於自己一個人身上，他堅持：「一個人的成就得靠集體智慧而得！」

對盧瑟福來說，科學是在時間的串連下，結合了前人與今人的智慧，而他只能代表這項科學成就裡的的一個小分子，不能代表全部。所以，他不願獨佔成功，也不願承認自己的功勞，只想繼續成爲下一個科學成就裡的一份子。

於是，我們看見盧瑟福的生活哲思：把所有功勞都讓給別人，因爲我有我的價值標準。那麼，盧瑟福的價值標準是什麼？

正是：「不需邀功，也不需要爭名逐利，能快樂地享受自己的人生，能自在地活出自己，這才是享受且成就人生的最好方式！」

誠實與勇氣是相輔相成的

誠實與勇氣是相輔相成的關係，勇氣則與責任感互為表裡，而每一位成功者的特質則結合了誠實、勇氣與負責。

想要到人們的信任與支持，便要誠實待人，希望得到人們的倚重與青睞，處事便要有勇有謀。

只要能秉持誠實且勇於承擔的原則，即使發生誤失、犯錯，我們也一定能得到人們的諒解與幫助，讓錯誤的缺口迅速地獲得彌補。

七歲那年，志氣高昂的華盛頓便立定志向：「我要當個勇敢的軍人。」

這天，小華盛頓爲了做一把木槍，手上拿著一把鋒利的斧頭，朝著後的方向走去。他在後院的樹叢間走來走去，嘴裡還不斷地叨唸著：「這棵樹太大了……嗯，這樹又太小了。」

忽然，他發現前方的空地上，有一棵青翠挺拔的小樹，高度正好合乎他的希望，而樹身也足夠他做一把木槍。

他看了看四周，心想：「爸爸現在一定正在農場上忙碌，還是不要麻煩爸爸了，等我把木槍製作完成後，爸爸一定會誇獎我的！」

於是，小華盛頓一個人獨自砍倒了小樹，只見他先將枝葉等先去除後，便將樹幹留在一旁，準備明天再來完成最後的製作。

然而，他回到屋裡後不久，卻聽見父親從後院大聲怒吼著：「是誰把我最心愛的小櫻桃樹給砍了？」

小華盛頓從樓上看見爸爸正在後院發怒著，這才想起了一件事：「糟糕，那是爸爸爲了紀念我出生所種的櫻桃樹啊！我怎麼忘了呢？怎麼辦？」

小華盛頓想了想，接著便叮叮咚咚地跑下樓，並直奔父親的面前，因爲他想起了哥哥在入伍後，父親對他說的一句話：「是的，要成爲勇敢的軍人，就要懂得『誠實』，因爲唯有誠實才能獲得人們的信任，也才能讓士兵們團結一心，奮勇克敵。」

小華盛頓看著父親漲紅的臉龐，手裡的皮鞭還不斷地發出聲音，空氣中瀰漫著相當緊張的氣氛。

小華盛頓嚥了一口氣，接著便對父親說：「爸爸，是我砍的！」

父親一聽，立即高高地舉起了鞭子，但是他並沒有讓鞭子立即落在孩子的身上，而是再次大聲地斥喝著：「你闖了禍，是不是應該接受處罰？」

只見小華盛頓抬起了頭，用力地點了點頭說：「是的，爸爸，我要當一個勇敢的軍人，您不是說過，想當一個勇敢的軍人就要知道『誠實』的重要性？我知道自己做錯事了，請您處罰我吧！」

沒想到華盛頓的父親，聽見兒子這麼說，反而放下了鞭子，開心地抱起了兒子，說道：「孩子，爸爸以你爲榮！你這麼勇敢、誠實，爸爸這一次就原諒

你了，我很高興你能這麼做，承認錯誤眞的是英雄行爲，而且它比一千棵櫻桃樹還珍貴。」

誠實與勇氣是相輔相成的關係，勇氣則與責任感互爲表裡，而每一位成功者的特質則結合了誠實、勇氣與負責。

當華盛頓的父親鼓勵兒子「承認錯誤是英雄的行爲」之時，我們也預見了小華盛頓的心，正在父親的引導下，勇氣十足地朝著負責而且成功的未來人生邁進。

小小的故事中包含了父母教育子女的技巧與態度，當然也包含了主人翁天生性格裡的勇氣與擔當。正因爲其中所蘊涵的寓意多元，所以幾乎全世界的人們，無論大人還是小孩，在面對生活中的種種，總是會想起這則故事，一則關於華盛頓砍倒櫻桃樹的誠實與勇氣。

6. PART

垂頭喪氣，如何找出生機？

不要把時間浪費在抱怨的情緒中，
那不僅會讓人更加迷失，
還會讓人越來越失去信心，
在關鍵時候放棄自己。

垂頭喪氣,如何找出生機?

不要把時間浪費在抱怨的情緒中,那不僅會讓人更加迷失,還會讓人越來越失去信心,在關鍵時候放棄自己。

有位美國學者曾經這麼說:「人生的目的只有兩件事:第一件是得到你想要的,第二件是得到之後要好好地享受它。不過,通常只有最聰明的人才能做到第二點。」

人生的目標確實只有這兩項,只是多數人在尚未達到目標前,便不耐煩地發出牢騷與埋怨,以致目標難以達成;即使目標已經達成,卻因人心貪婪,讓生命真正的樂趣一直囚困於追逐的疲憊中。

愛波在一九三四年春天，因爲一個親眼目睹的景象，讓他的人生完全改變。那年，因爲一場金融風暴，他經營好幾年，好不容易終於有了一點成績的公司，頓時間化爲烏有。

當時負債累累的他，頹喪地走在街上，無精打采地想著：「我該怎麼辦？我要到哪裡找錢來還債啊？老天爺，你爲何要這樣捉弄我？」

當時，他正走出銀行，已經做了要回家鄉打工的準備，因爲在這個城市裡，他不知道自己還有什麼樣的機會。

愛波的步伐相當沉重，幾乎是用拖行的方式前進，受到嚴重打擊的他，已經完全失去了信念和鬥志。忽然，垂頭喪氣的他一個不小心撞上了迎面而來的一個人，愛波自然而然地說：「對不起！」

在此同時，眼前的這個人卻給了他一個開朗的回應：「早啊，先生，今天天氣很好，不是嗎？」

愛波一聽，這才抬起頭仔細看看他的「巧遇」。

也許是上帝聽見了他的呼喊，所以派了這樣一位天使來救他，因爲眼前是一個失去雙腿的男子，他坐在一塊裝有輪子的木板上，用著尚存的一雙手藉著輪子的滑動，奮力地沿街推進。

當他滿臉笑容地對著愛波時，愛波整個人完全被震懾住了，像是被定住了一般，在街角停格，心中不斷地湧現出一種刺激：「他沒有腿，卻能如此快樂、自信，我有腿，應該比他更快樂、自信，不是嗎？」

「我很富有的，不是嗎？我還有雙腿可以自由前進，我爲什麼就看不見陽光呢？我一定要重新振作，我一定可以看見自己的陽光，跌一次跤算得了什麼，氣勢始終都在我身上，不是嗎？」

原本準備回鄉的愛波，決定繼續留在這個競爭激烈的大城市。憑著重新找回的信心和毅力，很快地，愛波找到了工作，也重新展開他的新生活。

看著故事中失去雙腿的殘障人物，仍然願意用微笑，笑看他的人生，回頭審視四肢健全的自己，你是否也感受到「不願面對自己」的羞愧？

曾經有個在太平洋上漂流了二十一天的男子，獲得救援後對朋友說：「在這次經驗中，我所得到最大的教訓是，只要有淡水就喝，只要有食物就吃，絕不浪費時間埋怨任何東西。」

不要把時間浪費在抱怨的情緒中，那不僅會讓人更加迷失，還會讓人越來越失去信心，更甚者還會讓人在關鍵時候放棄自己。

其實，只要人還活著，機會就還在，即使迷失在海洋中，只要手中還有一滴淡水可以喝，還有一口乾麵包可以吃，那麼我們都應該要滿心感激、好好珍惜，不該頹喪、放棄。因爲，生活的決定權始終都在我們的手中，即使跌得再深，我們仍然能找到一線生機。

不要讓生活有生鏽的機會

生活中最快樂享受的事，不是事業上的成就或財富的累積，而是了解生命的價值，且積極地享受生活的樂趣。

無論我們的生命狀態如何，只要生命尚未結束，我們都要用最積極的態度面對人生、享受人生。

如果你覺得自己總是煩躁鬱悶，不妨靜下心來仔細檢討癥結所在，也許，你會意外地發現，這是不懂得調適自己心情造成的。

一九八一年，美國第四十八屆總統大選中，五十七歲的卡特被共和黨的雷根擊敗，一時間，卡特感到有些茫然不知所措。

雖然他的退休年薪，足夠他安享晚年，但是卡特卻不想如此虛度，很快地，他重新振作，將生命的活力投注在木匠生活中。

他開始爬上屋頂，爲窮人們整修房屋，還親手製作桌椅、板凳來餽贈親友，手藝一點也不比巧匠遜色。

不久，種花生出身的卡特在亞特蘭大創建了卡特中心，提供窮苦人家各種服務，例如免費的醫療服務，或是治蟲救災，還傳授農作物技術，讓他們學會一技之長。

此外，卡特也投入國際事務，經常擔任總統特使，奔走於中東地區，最後榮獲諾貝爾和平獎。

他在《晚年的優勢》一書中寫道：「把這幾年和我擔任公職期間相比，我從總統職位上退下來後的成就更大，日子也比當總統時活得更自在。」

書中，他還給讀者一個建議：「不要把物質財富視爲衡量成功與失敗的標

準，有許多我們看不到的東西，其實都要比物質財富更加重要。這些看不到的重要東西就是：正義、謙和、奉獻、寬容、同情和愛心，這些才是衡量生活的重要標準。」

連後來卸下美國總統一職的柯林頓，面對自己的「下台」生活時，也這麼對記者表示：「卡特總統是一個很好的榜樣，希望在離職後，我不會成為一顆生鏽的釘子。」

從未停止追求、勞動和奉獻的卡特，不僅讓晚年的生活更加充實豐富，更讓他的人生變得更加完整、美麗。

我們經常看見許多人，在生命的尾聲中不斷地增亮生命餘光，他們不僅積極學習，也更勇於突破自己。歷經了大半人生，他們一點也不願意生命就這麼草草地結束。

他們其實和卡特一樣，對自己都有著相同積極而樂觀的期許：「不要讓生

活生鏽了！」

曾經有位八十幾歲的老奶奶如此說道：「年紀都這麼大了，如果還老是顧慮那麼多，那活著還有什麼意思？都這麼老了，如果不好好把握住現在，還能把握住什麼？」

這位老奶奶便在家人的支持下，不僅前進北極，還曾到亞馬遜河探險，這樣的活力和精神相當動人，更讓一向自負年輕的我們相形見絀。

從卡特的人生體悟中，我們明白，原來生活中最快樂、最享受的事，不是事業上的成就或財富的累積，而是了解自己生命的價值，並且積極地享受來自生活的各種樂趣。

藏在兩顆蘋果裡的奇蹟

每個人身上，必定都會有一項天賦，也許它不受人們認同與肯定，但只要有我們自己的肯定，它就一定會有伸展的機會。

沒有人應該被放棄或否定，除非我們自己先放棄了自己，一如人人擔心的喜憨兒，只要我們和他們自己不放棄，他們一定能成功地擎起自己的一片天空，並快樂地乘雲悠遊於各自的人生。

出生在巴黎一個貧困家庭的貝爾蒙多，是個學習較爲遲鈍的小孩，一直學

無所成的他，讓母親十分擔心。

十幾歲的時候，貝爾蒙多被迫輟學，面對母親疲憊的臉，他除了懊惱沮喪之外，就只能把家收拾得一塵不染或做些小點心，期望能用這些表現來博得母親的寬心微笑。

有一天，他用心將蘋果做成美味可口的小甜點，希望能得到母親的稱讚。但是，沒想到這番美意反而讓母親對他更加憂心，看著兒子無心於功課，她只好放任不管了。

不久之後，貝爾蒙多在一個偶然的機會裡，應徵到巴黎的一家豪華酒店工作。由於貝爾蒙多的長相普通，又無特殊才能，所以總是被指派做一些雜務，沒有任何一點發展的機會，直到他被調到餐飲部門，做甜點大師的助手後，情況終於有了改善。

剛開始，他負責一些洗滌水果或配調料的瑣事，後來，甜點師傅也會讓他學習一些製作點心的技巧。

這個機會對貝爾蒙多來說，可說是得心應手。

當時，他唯一會做的一道甜點，是長久以來最常製作的蘋果點心，就是將兩顆蘋果的果肉塞進一顆蘋果中，而這份充滿巧思的甜點，吃起來有著一種特別的香甜感覺。

這天，這道特別的甜點被一位貴夫人發現了。她品嚐之後非常喜愛，當她知道是新人貝爾蒙多的傑作後，從此便不斷地鼓勵這個憨小子。當然，這個機遇是貝爾蒙多人生的關鍵，從那天開始，貝爾蒙多的信心大增，開始不斷地製作出各種美味、可口的小甜點。

由於夫人特別鍾情於貝爾蒙多的手藝，每次她來這裡居住時，都會特別點名貝爾蒙多做的甜點。酒店每年都會重新審核員工並進行淘汰，貝爾蒙多因爲手藝被發現，因而站穩了工作地位與機會，貝爾蒙多說：「這要感謝夫人的賞識！」

到了年終之時，酒店按照慣例舉行了一場慶典，這天每個廚師都要做一道自己最拿手的菜。

當貝爾蒙多出現時，手上也捧著他最愛的一道甜點，那是一道爲母親特別

發明的蘋果甜點。

他看著家屬席上的母親，淚盈盈地說：「我知道自己是一個很普通的人，即使我曾經想為母親帶來一點點不同，但是始終都不能成功。如今，我總算在這個平凡的工作中爭得了一席地位，而這一切都要歸功於十年前，我為母親做的這道甜點。」

年邁的母親含著淚，一口一口地細細品嚐這道遠近聞名的招牌佳餚，終於明白，她的寶貝兒子並不是一個普通人，當年她忽視了他，所幸上帝並沒有輕視他。

雖然上帝只是給了他兩顆普通的蘋果，但是聰明的貝爾蒙多卻知道，如何用這兩顆蘋果創造不凡。

看著故事中的淚水，你是否也感動得想試試這個蘋果甜點的滋味？

每對父母親對孩子們的期望幾乎一樣，盼望孩子們能有一個美好的未來，

期許孩子們能光宗耀祖，更期待孩子們能有一些非凡的成就。

只是，期望這麼多，難免會有失望的時候，但是，只爲了一個小小失望就要放棄孩子，妥當嗎？

沒有人應該被放棄，至少我們不能放棄自己！因爲，在每個人的身上，必定都會有一項天賦，也許它不受人們的認同與肯定，但只要有我們自己的肯定，它就一定會有伸展的機會，也終會有得到別人肯定的一天，就像用兩顆蘋果開創非凡人生的貝爾蒙多一般。

不要用金錢的角度衡量事情的價值

有付出就應當有回饋，不要從金錢的角度去衡量事件的價值，因為其中真正的價值是你的付出。

所謂「勞力之財不自卑」，只要是理所應得，我們就不必在乎收得的是大錢小錢，或是自己的工作卑微與否。

因爲，其中的價值衡量始終都在我們的心中，正如出身於「小人儒」階級的孔子，不也曾大方地說：「吾少也賤，故多鄙事。」

在一個又髒又亂的候車室裡，有一位滿臉疲憊的老人家，正坐在靠門邊的位置，只見他的全身都是塵土，鞋上也沾滿了污泥，似乎剛走完一段漫長又辛苦的路途。

當列車緩緩進站，站務員開始剪票，老人家也急忙地從座位上站了起來，準備前往剪票口。

忽然，有位胖女人提著一個很大的箱子走了進來，似乎是趕著要搭上這班列車，問題是箱子實在太笨重了，累得她不斷地喘氣，不時停下來休息。

這時，胖女人瞥見正在前進的老人家，連忙衝著他喊道：「喂，老頭子，麻煩你幫我提一提這個箱子，我待會兒給你小費。」

老人家回頭看了看，便走過去幫忙，並一塊和胖女人朝著剪票口方向走去。當他們才剛踏入車廂，火車便啓動了。

胖女人這時抹了抹汗，慶幸地對這個老人說：「多虧你了，不然我肯定要錯過這班車子。」

說著，她拿出一塊美元給老人家，老人家也微笑地接過。

這時列車長走了過來，看見了老人家，便笑著問候：「洛克菲勒先生，你好啊！歡迎您乘坐本次列車，有沒有需要我幫忙的地方呢？」

「謝謝，不用了，我只是剛完成一趟爲期三天的徒步旅行，現在我要回紐約了。」老人家客氣地回答。

「什麼！洛克菲勒！我竟然讓著名的石油大王提箱子，還給了他一塊美元的小費，我這是在做什麼啊？」

胖女人忽然驚聲叫喊道，接著又連忙向洛克菲勒道歉。

只見洛克菲勒笑著說：「夫人，妳不必道歉，妳沒有做錯，這一塊美元是我賺來的，所以我必須收下。」

說著，洛克菲勒鄭重地將這一塊美元，小心翼翼地放進了口袋裡。

從胖太太和石油大王洛克菲勒互動的這則軼事中，我們其實看見了人們對於價值認定的不同。

就胖太太的觀念裡，也許我們也和她想的一樣，那樣有錢的人對這區區一塊錢肯定不屑，說不定還會感到被羞辱。

但事實上，對身爲成功企業家的洛克菲勒來說，有付出就應當有回饋，所以他在故事中的表現意義，正是要說：「財富的價值並不在於金錢數字上，而是在交換金錢時的那個付出，即使只有一塊錢，也理應得到，一點也不需要因此而感覺羞愧。」

我們再將之延伸，其實故事中的旨意是要告訴我們，不要從金錢的角度去衡量事件的價值，因爲其中眞正的價值是你的付出。洛克菲勒的成功，正在於他懂得什麼是「取之有道、理所應得」的道理。

保持寬闊的心胸，就不會衝動

只有改變對事情的看法以及自己的態度，才能真正控制脾氣。用一顆寬闊的心來看待事物，才能把惡緣化成善緣。

七情六慾中，生氣帶來的威力最是驚人，造成的傷害也最快。因爲，生氣時人很容易失去理智，接著伴隨而來的是衝動。在衝動下，任何事情都有可能發生。

我們都知道這個道理，可是常常事情發生時，第一個反應是生氣。到底是氣對方的過錯，還是氣自己不小心，往往當事人也不清楚。

生氣並不能解決問題，有時甚至會引起更大的衝突。

某天法師正從室內走出，門才剛打開，一個彪形大漢就撞了上來。很不巧的，門板打上法師的眼鏡，鏡片戳傷了他的眼皮，掉落地上摔個粉碎。滿臉落腮鬍的大漢馬上先聲奪人的說：「誰叫你要戴眼鏡！」

法師心想：「因緣合和而生世間法，有善緣、有惡緣。唯有慈悲以待，才能將惡緣化為善緣。」於是就以微笑回應大漢的無理。

大漢見到法師的表情，訝異的問他：「喂！和尚，你怎麼不生氣？」

法師藉機教育說：「我為什麼要生氣？生氣不能使破掉的眼鏡復原，臉上的傷口也不會消失。再說，如果我生氣了必定會和你起衝突，可能破口大罵或者大打出手，這樣只會傷身傷心，事情也無法解決。」

「若能以世間的因果報應來看待，只要我早一分鐘或晚一分鐘，都能避免我們相撞。但是我們偏偏撞在一起，那就是在消解我們過去的一段惡緣。因此，我不但不生氣，還要感謝你幫我消除業障呢！」

大漢聽完若有所思的離開了。

一段日子過後，法師突然收到一封掛號信，裡面還附著一張五千元的匯票。信裡寫著：

「師父慈悲：那天和您那一撞，救活了三條生命。年輕時的我不知進取，在工作上沒有好成績。因爲這樣，我常常怨天尤人，成家後也不知善待妻子，常常拿她出氣。

有天我出門上班，走到半路發現少拿一份文件，於是又折返回家，竟然見到妻子與一名男子在家中說說笑笑。我頓時怒火上升，衝動的跑進廚房拿了菜刀想殺了他們兩個，再自我了結。那個男子驚慌中臉上的眼鏡摔破在地上，突然讓我想起師父的話：『生氣不能解決問題』，這才冷靜下來。

經過這件事，我不斷的反省，是因爲自己的不負責任和壞脾氣，才會讓妻子出軌。現在的我不再暴躁莽撞，也不再冷落妻子。目前家庭和諧，工作上也順利多了。這一切都要感謝師父的開示，讓我的一生徹底改變。因此特匯上五千元，兩千用來賠償師父的眼鏡，剩下的三千爲我、妻子和那個男人做功德、

消業障。」

人在盛怒的情況下，往往容易失手，造成無可挽回的悲劇。但即使如此，人們還是很難控制自己的脾氣，通常都在事後才懊悔、苦惱，將一切歸咎於生氣時失去理智。

會生氣，就是因爲心裡在意；越在乎的事情，投入的精神也越多。另一方面，會生氣則是小氣，不想自己的利益有任何的損傷，因此對他人所爲不滿而生氣。

只有改變對事情的看法以及自己的態度，才能眞正控制脾氣。像法師一樣，用一顆寬闊的心來看待事物，才能把惡緣化成善緣。

下次脾氣上來時，給自己一分鐘的時間和空間冷靜下來，想想該用什麼樣的方法，才是最理想的解決方式。

凡事不要走一步算一步

成功的目標是由無數的步伐所完成，不過，沒有明確目標的步伐，再多的累積也只是錯印的足跡。

有位企業家曾說：「走一步算一步，那不能算是規劃。」面對眼前和未來，你是抱著安於現狀，能進一步算一步的安逸態度，還是會給自己一個明確的目標，讓每一步都累積在達成夢想的基礎上？

一個下著傾盆大雨的午后，有兩個結伴行乞的窮困青年，又冷又餓地倒在

大街上，動彈不得，雖然有許多路人經過他們的身邊，但是卻沒有人願意停下腳步，關心倒在地上的兩個人。

這時，有位年輕的女醫生撐著傘，走了過來，還停下了腳步，仔細地看了看他們，接著還幫他們遮雨，直到雨停，才帶著他們去塡飽肚子。

這位天使般的女醫生名叫露絲，她的這個舉動，不僅深深地感動了這兩個乞丐，更讓他們對她同時都產生了情愫。

爲了得到這份愛，他們兩人決定展開一場愛的競爭。

這天，第一位乞丐深情地問著露絲：「小姐，妳可不可以告訴我，妳的男朋友是從事什麼職業嗎？」

只見露絲搖了搖頭說：「對不起，我沒有男朋友。」

於是，第一位乞丐又問：「那妳希望未來的男朋友是做什麼的呢？」

露絲側著頭，想了想：「嗯，最好是位名醫師吧！」

第一位乞丐聽到後，點了點頭，若有所悟地離開了。

接著，第二位乞丐也跑來了，他向露絲表白道：「小姐，我愛妳！」

露絲被他的驚人舉動嚇了一跳，連忙回答說：「對不起，我不會愛上一個不愛衛生的人。」

第二天，這位乞丐又出現在露絲眼前，不過這次他不僅梳洗乾淨，還穿上了一套全新的衣裳。

只見他認眞且嚴肅地對露絲說：「小姐，我眞的很愛妳！」

露絲滿臉尷尬地說：「對不起，我不會愛上一個沒錢的人。」

第二位乞丐一聽，滿臉失望地離開了，從此以後，好幾天都沒有再出現。

過了一段時間，這位乞丐忽然興高采烈地出現，他對露絲說：「親愛的，我中了頭獎，有五百萬耶！這次妳能接受我的愛了吧！」

但是，露絲仍然不爲所動，平靜地說：「對不起，你不是醫生，我想，我只會愛上一位醫生。」

過了幾年，第二位乞丐忽然又出現了，而且這次他還神奇地帶著一張醫師的執照證明出現。

他神氣地站在露絲的面前說：「親愛的，我想妳現在願意嫁給我了吧！」

沒想到露絲這次卻說：「對不起，我已經嫁人了。」

說罷，露絲便挽著她身邊的丈夫，走進了醫院的大門。

這時，第二位乞丐仔細地看了她的丈夫一眼，原本沒看還好，這一看差點就昏了過去。

因爲，女醫生挽著的人，竟是當年與他搭伴行乞的第一位乞丐，如今他居然成爲這家大醫院的院長。

這樣的結果讓第二位乞丐非常不服氣，他怒氣沖沖地質問第一位乞丐：「你到底用了什麼魔法？」

第一位乞丐冷靜地說：「你聽好了，我用的是心，而你用的卻是計謀。我的心始終是朝著一個方向，而你因爲太過急功近利，眼裡只有貪婪和慾求，以致於看不見眞正的目標。」

看著故事中的兩個主角，雖然兩個人的最終目標一樣，然而，第二位乞丐

急躁短視，以爲每一步都計算妥當，以爲走一步便算前進了一步，但他始終都沒有發現，事實上，每當他完成一步之後，等於又退回到了原點。

相較於另一位成功者，他不僅將愛意昇華，更懂得先找出未來目標，然後努力實踐，這樣的遠見、規劃與勇往直前的毅力，當然能按部就班地完成並實現他的目標。

坐在辦公桌前的你，究竟像其中的哪一位呢？

雖然，人生的路是一步又一步累積出來的，成功的目標也是由無數的步伐所完成，不過沒有明確目標的步伐，再多的累積也只是錯印的足跡。

用別人的錯誤當作成功的基石

要想成功，除了埋頭苦幹以外，也別忘了抬起頭來看看四周，讓別人的錯誤，成為你成功的基石。

卡耐基曾說：「人要懂得從失敗中培養成功，因為，障礙與失敗，就是通往成功的兩塊最穩靠的踏腳石。」

想減少錯誤的發生，不妨多看看別人的失敗經驗吧！如果已經有一個不良示範呈現在你眼前，那麼你重蹈覆轍的機會便能減少許多。

美國成功學大師安東尼・羅賓在接受媒體訪問時，曾經提到爲什麼他能嚴厲拒絕煙酒和毒品的原因。

安東尼・羅賓說，並不是因爲他夠聰明，而是他比較幸運罷了。他之所以不喝酒，是因爲在他還是個孩子時，曾看到家中有人因爲喝醉而吐得一塌糊塗，那種痛苦的模樣留給他極深刻的印象，從此讓他知道喝酒實在不是一件好事，也不是快樂的事。

除此之外，他有一位好友的母親，大約有兩百公斤重，每當她喝醉時就會緊緊地抱著他，他的臉上和身上都會沾滿她的口水。

這些經歷讓他對酒深惡痛絕，一直到現在，只要聞到別人嘴裡所呼出的酒氣，他還是會覺得很不舒服。

也由於類似的經驗，使他沒有染上吸毒的壞習慣。

在他就讀小學三年級時，有一次警察到學校來，放映一部有關吸毒的影片。片中人物在吸毒後神志不清，於是瘋狂跳樓，死狀十分恐怖。

一直到現在，那部影片他依然記得一清二楚，於是他就把吸毒、變態及死

亡聯想在一起，這使他日後連嘗試的念頭都不敢有。

所以，並不是他聰明才知道這些壞習慣的可怕，而是有幸在很小的時候就有人告訴他，染上這些壞習慣的可怕後果。

古希臘哲聖蘇格拉底曾說：「真正成功的人，就是能藉助別人失敗的經驗，來讓自己學到聰明。」

如果已經有人把犯錯的後果呈現出來，但是你仍然想嘗試的話，那麼你注定不會成爲一個有作爲的人，到只會抱怨自己的日子越來越難過。

因爲，你不但不肯花時間做其他有意義的事情，反而寧願花時間繼續犯別人犯過的錯，長久下來，你又有多少的時間可以反省和悔改呢？

要想成功，除了埋頭苦幹以外，也別忘了抬起頭來看看四周，讓別人的錯誤，成爲你成功的基石。

放下包袱才能輕鬆上路

放下該放下的，也丟開不必要的擔心吧！輕裝上路，你才能快樂前進，也才有足夠的力氣與空間，容納沿途發現的珍寶。

心理學家說，人的心理狀態不斷影響著生理狀態，開朗豁達的人會用樂觀的思緒看待問題，至於消極悲觀和無法掌控自己情緒的人，最後就只能和痛苦、懊惱爲伍。

在人生各個階段中，定期解開你身心上的「包袱」，才能隨時找到減輕壓力、負擔的方法。

有一年，英國著名作家理查．賴德和一群好友相約，準備到東非去探險。

抵達目的地時，他們這時才知道，東非正逢乾旱，氣候酷熱難耐，這套旅程恐怕會比想像中的還要艱辛、漫長。

爲了生活上的方便，與安全地抵達目的地，理查在出發前，追加了許多生活用品。看著滿滿的物品，理查對自己如此周全的準備相當滿意，因而對朋友們說：「對於這次的旅程，我已經做好充分的準備了。」

只見，理查和友人們背起了大小行囊，來到了東非的一個小村子，並尋找這次探險的導遊。

不久，當地的酋長帶來了一名經驗豐富的村民。

出發前，他們依照慣例，請導遊檢查他們的裝備是否齊全。

然而，就在檢視理查的行囊時，導遊突然停下動作，轉身問道：「理查先生，你認爲，你有必要帶這麼多沉重的東西嗎？你認爲，這些東西能爲你帶來

安全和快樂嗎？」

理查聽見時，忽然愣住了。看著塞爆物品的背包，剛剛背著它走路，確實是件沉重的負擔，未來還有好長的一段路要走，肯定會更加辛苦。

為此而陷入沉思中的理查，忽然想到：「背著這麼多的東西上路，眞的有必要嗎？這些東西眞的都是必要的嗎？背著這麼多的東西，會讓我的旅途充滿快樂嗎？」

於是，理查再次整理他的背包，更發現背包裡的東西的確有很多是非必要的。只是，理查似乎有點遲疑，導遊見狀忍不住又說：「輕裝上路吧！」

理查一聽，笑著點了點頭，將所有不必要的東西全拿了出來，贈送給當地的村民，一下子讓原本沉重的背包縮小許多，當然也變輕了許多。而他也發現，自己在情緒上似乎也有了小小的變化，那是一種卸去重擔的快感，減少束縛的自在感。

少了負重前行的疲累和煩惱，這趟旅途對理查來說，無疑是全新的體驗，因為輕裝前進而變得輕鬆愉快，雖然氣候酷熱，心情卻滿是喜悅，觸目所及更

是處處皆趣味盎然。

而理查也深刻地體悟到：「生命裡填塞的東西愈少，就愈能發揮潛能。」

因爲「擔心」，我們總是不斷給自己不必要的壓力，也因爲「放不下」，讓我們經常背負著不必要的沉重包袱。這些都是拖累我們生活步伐的重要原因，也是導致我們心情起伏的主要原因。

「你快樂嗎？」當故事中傳遞出這樣的疑問時，你是否也忍不住重新審視著自己，發現自己看見了什麼問題？

你是否也和導遊一樣有著相同的反思：「身上背負著那樣沉重的包袱，怎麼能輕盈前進，享受旅途中的美麗呢？」

放下該放下的，也丟開不必要的擔心吧！輕裝上路，你才能快樂前進，更重要的是，你也才有足夠的力氣與空間，容納沿途發現的珍寶。

PART 7. 積極等待人生的轉捩點

最壞的時候也會是最好的時刻，
當人人退縮不前時，
只要我們能積極前進，
自然能搶得先機。

信念讓危機變成轉機

潛意識的心靈操控我們的健康狀況，信念和期望能改變我們的生命。重要的是，要能接納自己、鍾愛自己。

人生中總會遇到幾個低潮，可能會讓你感到萬念俱灰，前途一片黯淡。可是，一旦走出陰霾，後續的衝勁與成果會讓人無法想像。這就是爲什麼許多成功者，往往有一段苦難的過去。

在肢體障礙者、與病魔對抗的勇士臉上，我們常常可以看到陽光與希望。雖然他們的身體不便，但是他們的心理卻比任何人都健康。他們相信，生命能找到出路，被關上的門背後，會有一扇窗爲他們打開。

最可怕的疾病，不在生理上，而在心靈上。如果你好手好腳，但心卻很悲觀，覺得人生無望，那你就是眞正的殘廢了。

瓊斯在美國西部有一個小小的農場，每天努力工作著，但即使如此賣力，仍然過著捉襟見肘的苦日子。由於家中人口頗多，孩子還小，全家的重擔全落在瓊斯身上。

幾年辛苦的工作下來，家中的經濟還是沒有改善，瓊斯的身體狀況卻越來越差。有一天，瓊斯病倒了，患了一種罕見的疾病，全身痲痺，整日躺在床上不能動彈。所有的親人都認爲，瓊斯將永遠喪失生活能力。

但突如其來的病痛，並沒有將瓊斯打敗，他沒有因此對人生失去希望，相信一定有辦法改善情況。

他不想成爲家庭的負擔，於是不斷思索著其他維持生計的方式。他回想過去的人生，發現只靠著辛勤工作，是無法致富的，必須找出更有效率的工作方

法。

經過一段時間思考和計劃，有一天，他將家人全叫到床邊，鄭重其事的告訴他們：「我知道我這輩子是不可能再站起來，用我的雙手工作了。但是，如果你們願意，每一個人都可以成爲我的雙手，都可以代替我的雙腿。我希望將農場的每一吋可耕種的土地都拿來種玉米，接著我們養豬，用收成的玉米當飼料。我們不必等到豬隻長大，趁牠們還幼小肉嫩的時候，就把牠們宰掉做成香腸。我們的香腸可以做成一口的大小，讓人們把它當成日常生活中的點心。接著，我們要自創一種品牌，將它們賣到世界各地去。」

他眼睛充滿希望的說著：「這些香腸將會像糕點一樣出售。」

幾年後，瓊斯自創的「瓊斯小豬豬肉香腸」果然在各地受到民眾歡迎，成了日常生活必備的食物之一。

瓊斯不僅沒讓自己成爲一個廢人，還在有生之年過著富裕的生活，成爲當地傳頌的奇蹟。

根據科學實驗報告，人類負面情緒產生的毒素足以殺死一隻天竺鼠，當然也能殺死我們。潛意識的心靈操控我們的健康狀況，信念和期望，能改變我們的生命。良好的健康是我們每個人都能把握的，不僅僅在身體上，只要能精神充沛、充滿活力，就是擁有健康。

重要的是，要能接納自己、鍾愛自己。瓊斯雖然終生都得躺在床上，但是並不把自己當成一個廢人，他努力突破問題，找出解決之道，雖然身體無法勞動，但是他的心靈是健康的，可以思考，可以決策。

許多和瓊斯有著類似狀況的人，常常因爲放棄自己而認定了別人也放棄了他，因此造成情緒上的不穩定，導致待人處事不夠圓融，每每增加照顧者的負擔。

不論眼前的遭遇如何，我們每個人都要寬容地對待自己和別人，把生命中的每一個試煉當成一種轉機。

妄自菲薄就會隨波逐流

我們太習於看輕手中的擁有，太容易對尚未得到的東西充滿幻想，以致於生活經常在失去與懊悔中前進。

不要妄自菲薄，每個人都潛藏著獨特的天賦，那就像金礦般埋藏在你我平淡無奇的生命裡。

我們是否能找到這座金礦，關鍵在於我們自己能否耐心挖掘，能否踏實發揮自己的長處，讓我們原本平淡無奇的人生，綻放光芒。

美國田納西州有位來自秘魯的移民名叫亞當，在一片約六公頃大的土地，爲家人們建造了一個獨立的生活空間。

然而，不久美國卻掀起了一陣淘金熱，受不了誘惑的亞當也一窩蜂地跟進，不僅將家產變賣，更舉家遷移到陌生的西部。

來到這個荒涼的西部，亞當買了一塊約九十公頃的土地，並開始進行挖採與探鑽，希望能盡快在這塊土地上找到金子或鐵礦。

然而，一年又一年地過去了，亞當的財富幾乎快花光，到了第五年，不僅連一個鐵塊都沒看見，連一粒金沙的影子都沒有見過，由於爲這五年來他一直都毫無所獲，不久連身上的最後一塊錢都花光了。

這天早上，亞當看著家人滿臉的不悅，便果斷地決定：「算了，我們回田納西吧！」

於是，亞當將該處的東西全部變賣，換得了少許車資，一家人總算回到了故鄉。但是，當他們回到故鄉時，卻全被一個景象所吸引且呆住了。

因爲，在他們從前居住的地方，竟發展出一個工業區，在隆隆的機械聲中，

工人們熱鬧地穿梭著。

亞當好奇地向其中一位工人詢問：「這裡發生了什麼事？」

工人不敢置信地看著亞當，說道：「你不知道嗎？幾年前有個秘魯人將這塊土地賣給了現在的老闆後，不久老闆就發現，這座山林是座金山呢！現在他正在開挖金山煉金啊！」

亞當一聽，直搖頭嘆息，滿臉悵然若失。如今，這座山林仍然繼續在開採，它就是美國最著名的門羅礦山。

即使身在資訊發達的現代，仍然有許多人像亞當一樣，經常失去身上的珍寶，甚至不知道寶物就在我們的身邊。

好高騖遠的人總是禁不住誘惑，對於平淡無奇的事物總顯得意興闌珊，於是當表面炫麗誘人的事物一出現，他們的目光便會立集聚了過去，並丟棄手上看似平凡的珍寶。

這樣的情況我們一定都曾聽聞，甚至我們自己就曾經歷過，而且最後的結論都是：「早知道就別放棄了！」

然而，再多的「早知道」也於事無補，妄自菲薄就難免隨波逐流！

因爲我們太習於看輕手中的擁有，太容易對尚未得到的東西充滿幻想，以致於生活經常在失去與懊悔中前進。

天地萬物，包含我們自己，其實都深藏著無限的潛能與珍寶，那就像尚未精細琢磨的礦石，識寶的人都會知道，在平淡無華的表面，內裡正藏著我們難以估價的寶玉！

善用生活中的零碎時間

如果我們一天能節省個十分鐘，一週下來便能多出一小時又十分鐘，一年大約有一百五十二個小時可以靈活運用的時間。

雷巴柯夫曾經如此寫道：「時間是個常數，但對勤奮者來說是個變數。那些用『分』來計算時間的人，比起用『時』來計算時間的人，時間多了五十九倍之多。」

短短的一分鐘，我們能做什麼事？

認眞的學生說他可以背一個英文單字，力爭上游的上班族說，他能用來思考老闆剛剛下的命令，英明的大老闆說，他會利用這個極短的空閒時間，思考

並果斷地決定下一步要往哪走。

卡爾．華爾德曾經是愛爾斯金的鋼琴教師，有一天，他正在指導愛爾斯金時，忽然問他：「你每天用多少時間練琴？」

愛爾斯金說：「每天四小時左右。」

卡爾點了點頭，接著又問：「那麼你每次練習的時間都是固定的嗎？」

愛爾斯金遲疑了一下說：「我是很想讓時間固定下來。」

沒想到卡爾卻說：「最好不要固定下來，因爲，你以後的時間恐怕越來越零碎，不像現在那樣可以有那麼長的空閒時間。」

卡爾看著愛爾斯金有些困惑的臉，微笑著說：「你可以養成一種習慣，就是一有空閒就練，有幾分鐘就練習幾分鐘，不必將練習時間刻意地固定下來。像是上學之前或在午飯以後，或在工作的休息時間……等等，即使只有五分鐘，也要把握住這五分鐘。慢慢地，你將會習慣於零碎時間的運用，分散在一天內

的練習時間，很快地便會成爲你日常生活中雖然短暫，但是效果最好的關鍵時間。」

卡爾的這番話對十四歲的愛爾斯金來說，確實有些難懂，畢竟以他當時的情況來看，他的空閒時間實在太多了，沒有必要特地利用所謂的「零碎時間」來應用，所以對卡爾的忠告一點也沒有注意。

直到他出了社會後，這才體會到老師的生活體悟頗有道理，在貫徹執行後，更讓他得到了無限的生活助益。

有一年，愛爾斯金來到哥倫比亞大學教書，爲了能兼職從事創作，想盡了方法，希望能空出更充足的時間來寫作。

然而，固定的上課時間，與改閱學生的考卷、報告和開會等固定的事情，幾乎把他白天和晚上的時間全都佔滿了。因此，開始教書的前兩個年，愛爾斯金連一個字都沒動。

每當知道他的夢想的人問他：「創作進展如何？」

他總是說：「我沒有時間啊！」

直到有一天，他翻開過去的琴譜時，突然想起了卡爾．華爾德先生告訴他的話：「多用零碎時間！」

接著，愛爾斯金改完考卷後，便立即找出稿紙，並在短短的五分鐘時間內，寫下了約一百字左右的句子。

的確，只要有了開始，一切就能照目標前進！

從此，愛爾斯金的文稿累積得越來越多，也終於完成了他的第一本長篇小說，儘管愛爾斯金的工作一天比一天繁重，但是他每天仍能找出可以利用的閒暇，即使只有一分鐘。

你一天有多少時間用在工作，又有多少時間是被分配來休息睡覺？扣除這些大塊分配的時間之後，其間零散空出的時間，你都怎麼運用？

曾經有位台大醫師這麼計算：「如果每個工作天能整理並節省下二個小時，那麼一週下來我們便累積出了十個小時，又一年下來，我們便能省下五百個小

時，換句話說，我們的生產力便能提高百分之二十五了！」

看完醫師的分析，你是不是也覺得很可觀呢？

我們試著縮小單位，如果我們一天能節省個十分鐘，一週下來便能多出一小時又十分鐘的可利用時間，一年下來，我們大約有一百五十二個小時可以靈活運用的時間。

那麼，你還在抱怨時間不夠嗎？

仔細地算一算，你剛剛不經意浪費掉的發呆時間，算算你搭車時，漫無目標地東張西望的時間……然後我們將清楚發現，可以讓我們充分利用的時間，竟然那樣多。

生活中的分分秒秒都價值不菲

每個人會遇見的困難與運氣其實是等量的，後來會出現不同的結果，那是因為有著不同的認知與應用。

許多創造出一番事業的人都認爲，時間無疑就是孕育自己成就的肥沃土壤。他們知道，時間會給只知幻想卻不行動的人痛苦，卻會帶給充滿信心又勇於創造的人幸福。

麥克．默多克說：「我們每天只擁有二十四節車廂，你是用垃圾還是用鑽石來填滿它們的呢？」

時間是每個人最寶貴的財產，善於利用的人從中能預知成功的時刻。

在相同的日出日落時間裡，我們進行著各自的人生，也各自調配手中的生命時間，在一去不返的時間列車裡，我們到底會將什麼東西裝進車廂，端看自己如何選擇了。

有人將比爾蓋茲的二十四小時與工人鮑比的二十四小時相比，相同的二十四個小時，爲什麼比爾蓋茲與鮑比的成就會有這麼大的差異呢？

其實，鮑比雖然只是個擦汽車玻璃的工人，不過他的口才與人際關係卻很受人們的肯定，但是不管人們怎麼鼓勵他，鮑比的生活卻始終都未見起色，更別提有什麼輝煌成就了。

每當朋友們遇見他時，鮑比總會說：「是的，我有許多夢想要實現，我一定要活出精采的人生。」

當朋友們看見他充滿著如此激昂的鬥志時，都會忍不住說：「鮑比，我相信你一定能成功的！」

然而，在紐約一家加油站工作的鮑比，話一說完，心中便又倏地興起了否定的念頭：「唉，在這個競爭激烈的紐約，我怎麼可能有什麼成就？能在這裡擦玻璃已經很好了啊！」

第二天回到加油站，慢慢地擦拭著車窗玻璃後，不斷否定自己的鮑比便忘了昨日的激越，於是日復一日，始終只能在加油站裡擦拭玻璃，並領取那微薄的零錢。

反觀比爾蓋茲的景況卻截然不同，當鮑比一分鐘只賺入幾塊錢時，比爾蓋茲一分鐘內便賺進了八百美元呢！

很明顯地，同樣有二十四節車廂的兩個人，一個是裝進了空白與垃圾，一個則積極地裝滿了鑽石與寶物，從中我們得到了什麼啓發呢？

每個人會遇見的困難與運氣其實是等量的，之所以進展到後來會出現不同的結果，那是因爲不同的人，在面對勇氣與運氣時有著不同的認知與應用，一

如故事中的鮑比與比爾蓋茲。

我們都有相同的二十四小時，也有轉動速度相同的分分秒秒，只是在這段相同的時間裡，因爲我們不同跨出的時間，或因爲遲疑而浪費的時間量不同，所以，我們最後在相同的時刻累積了不同的成果。

我們手中的分分秒秒到底價值多少，評價的標準並不在最後的結果，而是在我們使用的過程。即使初步結果未如預期，但是能充分利用時間，即使只有一秒鐘，也是集結成功不可或缺的一刻。

積極等待人生的轉捩點

最壞的時候也會是最好的時刻，當人人退縮不前時，只要我們能積極前進，自然能搶得先機。

法國作家福樓拜在《包法利夫人》裡說：「人生的路程充滿困厄和失望，能夠把自己的思想寄託於高貴的性格、純潔的感情和寬厚的心胸，才會是幸福的人。」

確實，太多人沉溺於過去而悔恨不已，想要達成自己的夢想，就必須及早改變自己的想法，改變自己的心情，不要陷入糾纏、失意、憂鬱的禁錮中無法自拔，如此才可能心想事成。

生活中，我們無法預見機會的芳蹤，但是面對眼前的人事物，我們應當要細心且虛心對待。因爲，很多時候，改變人生的轉捩點就隱藏在你我身邊最尋常的人事物之中。

那年剛滿二十歲的開普勒，對於自己的未來充滿了不確定感，家境不好的他，學習過程很不平順，以致於拿著普通學歷，處處受到人們的歧視。

爲了能夠維持基本生活，開普勒努力地找到了一份廚師工作，雖然只是臨時工作，但是開普勒卻相當用心地學習著。

有一天晚上，正當他準備關店休息時，有個澳洲人忽然闖了進來，請求他：「您好，我想請您幫個忙，因爲我迷了路，已經一天都沒吃東西了，請您幫忙煮份簡單的餐點，讓我塡飽肚子，拜託！」

開普勒看對方非常餓的模樣，便微笑點頭，接著就回到廚房去準備了。

當他從廚房裡端著熱騰騰的餐點出來時，卻見到除了這個澳洲遊客外，餐

廳裡又多了一個不速之客，就坐在澳洲人前方的桌子。當他上前服務時，發現對方是個不會英文的阿拉伯人。

曾學過阿拉伯話的開普勒，這回總算派上用場，得知這位阿拉伯人也迷路了，且肚子也很餓，於是開普勒再次走到廚房烹煮。

當他再次回到前廳時，發現餐廳的氣氛很沉悶，或許是因爲語言不通，因而兩個客人全都一言不發地坐在那兒。

於是，他將套餐送上後，便坐在他們之間開始與他們交談，他一會兒用英文與澳洲客人交談，一會兒則用阿拉伯話與阿拉伯人閒聊。

令人驚訝的是，開普勒後來發現，這兩位客人竟然都經營與「羊」有關的事業。其中，澳洲客人有一個很大的綿羊養殖場，而阿拉伯人則是中東一家羊進出口公司的老闆。

於是，開普勒便問澳洲人願不願意將羊出口，又問阿拉伯人是否願意從澳大利亞進口羊隻。

兩個人同時都用力地點了點頭，於是在開普勒牽線下，雙方交換了聯絡方

式，並談妥了價格，一個跨國貿易就這麼成交了。

當他們準備離開前，澳洲人問開普勒：「您能留連絡地址給我嗎？」開普勒開心地點了點頭說：「好啊，有時間歡迎你們再來！」

三個月後，開普勒收到了幾封信，其中有一封是從澳大利亞寄來的，原來是那位澳洲旅客。

他在信中寫道：「非常感謝您那天的遠見與幫忙，如今我已經送了好幾千隻羊到阿拉伯去了，這裡有張二萬美元的支票，希望您不要客氣，那是經理人應拿的介紹費用。」

看著這封信，開普勒心中忽然激盪著一股很強的力量，這天晚上他反覆地看著這封信，然後有了新的人生計劃與更明確的人生目標。

這晚的確是他人生的轉折點，從此開普勒也變得更加開朗、主動，不久他走進了商場，開始了全新的美麗人生。

你認爲機會會出現在什麼時候呢？

是在烈日陽光下，還是陰雨滴落的角落裡？

其實，任何時候都有可能，就像故事中的開普勒，他一定沒有料到在營業時間結束前一刻會有這樣的「奇遇」吧！

那麼，仍然辛苦等待機會的人，此刻何不讓信心重振？

不管外面的天氣是晴是陰，我們都要積極地走出去，因爲最壞的時候也會是最好的時刻，當人人退縮不前時，只要我們能積極前進，自然能搶得先機。

就像原本準備「關門」的開普勒，在熱心助人的行動中，大方地迎接了未可預知的成功良機，這種主動積極的態度是經常選擇搖頭拒絕的我們應當好好學習的。

要不著痕跡地拍對方馬屁

適度地拍人馬屁，不僅是保護自己與別人的最好方式，也因為退讓了這一步，反而讓自己多了一步前進的空間！

在現實生活中，爲了得到晉升的機會，我們不僅絞盡了腦汁，更花了大把的時間精力來表現自己，爲何始終都成效不彰？

可能的原因很多，但我們發現，其中最重要的一個原因是因爲我們的交際手腕不夠圓融，不懂得適度地拍人馬屁。

聰明人的拍馬屁動作，其實是一種安撫動作，爲了讓成功的步伐能夠紮實前進，他們的拍打動作會很輕，不會在馬屁上留下拍打的手跡。

一心一意想到某國擔任外交官的某位議員，由於一直都等不到總統的回應，於是決定要採取主動攻勢，希望能早日實現他的目標。

這天，他直接前往以熱愛煙斗著名的總統傑克遜家中拜訪。一如往常地，傑克遜總統手執煙斗並愉悅地呑雲吐霧著。

這位議員一看見傑克遜總統，便立即提出請求：「總統，我想請您幫個忙，請您放心，我沒有什麼特別的要求，我只是想請您送給我一份小小的東西，即使已使用過的也無妨，因爲那將幫助我一個很大的忙。」

傑克遜大方地說：「好，你需要我要幫什麼忙呢？」

議員吐了口氣，接著說：「嗯，是這樣的，因爲我家有位年邁的老父親，對您景仰已久，對您的品味更是十分推崇。剛剛我出門前，父親告訴我：『孩子，如果你有機會面見總統，能不能幫我向他要一個煙斗，讓我留作紀念。』總統大人，正因爲老父親的要求，所以我不得已向您求助，不知道您願不願意

滿足家父的希望呢？」

傑克遜笑著說：「當然可以啊！」

接著，傑克遜按響了門鈴一下，有位僕人拿著三個乾淨的煙斗出來，請這位議員挑選。但沒有想到，議員這時卻說：「對不起，想請您原諒我，因爲我想了想，不如就要您現在正在使用的這只煙斗，可以嗎？」

傑克遜一聽，很客氣地問道：「這個嗎？當然可以，不過，這個煙斗我還沒有清理過呢！」

於是，傑克遜親自將煙灰掏出，豈知就在這個時候，議員再次打斷了他的動作：「等等，您別把煙灰掏空，我希望能保持它原來的模樣，特別是您使用過的最好。」

傑克遜笑著點了點頭，便親切地將煙斗遞給了他，只見議員小心翼翼地將煙斗包覆在一張紙裡，接著再三地感謝傑克遜送給了他這份寶貴的禮物，然後以十分神聖的神情離開了房間。

過了兩個星期，這位議員便接到了出任南美某國大使的派令。

爲了當官而大拍上司的馬屁，這是古今中外爲求發達升官的人，必然會出的招數，就像故事中的議員利用人性心理的弱點，充分地滿足了傑克遜的虛榮心理，間接成就自己的需求，可謂相當高明的方法。

這個議員沒有直接請求，也沒有表現出著急求官的態度，反而藉由轉述父親的景仰之心，讓傑克遜從他的推崇言語中產生了好感與信任。如此聰明的求官方法，在雙方裡子與面子皆周全顧及的情況下，使得議員因爲這個簡單的動作而輕鬆地官運亨通。

其實，拍人馬屁不一定是壞事，因爲聰明的人都會適度地拍人馬屁，那不僅是保護自己與別人的最好方式，也因爲退讓了這一步，反而讓自己多了一步前進的空間！

寬心待人是化解心結的最好方法

熱情能點燃人與人之間的情感,誠摯能融解人們心中的冷漠;先放下自己,我們便會得到別人的接納。

寬心待人是人類社會中最重要的態度,不要老是想著私利,因爲,當我們的心胸能夠敞開,接納那些曾經與我們對立的人之後,我們自然能共享社會中的大小利益而皆大歡喜。

這個世界沒你想的那麼黑暗,很多事情也沒你想的那麼難以翻轉,只要你願意改變自己的心情。

在德國，有位傳教士西蒙．史佩拉每天都會花很多時間在田野間散步，每當人們從他身邊經過，不論對方是誰，他都會熱情地向他們問好，其中有位名叫米勒的農夫，是他每天必定會遇見的對象之一。

米勒有一座位於小鎮邊緣的農莊，史佩拉則每天都會來到他的田邊。與勤奮工作的米勒相遇時，西蒙總是大聲地向米勒說：「早安，米勒。」

其實，傳教士第一次向米勒道早安時，米勒並沒有立即給予回應，就像小鎮裡大多數的人一樣，對於陌生人總是充滿著距離感。此外，由於猶太人和當地居民處得並不太好，更讓這個小鎮經常處於冷漠、對立，甚至是仇恨當中。所以，想讓這個小鎮裡不同族群的人，結交成為推心置腹的好朋友，實在是難上加難。

不過，這位猶太傳教士一點也不灰心。因為他的勇氣與決心，堅持一天又一天地遞送他的溫暖笑容與熱情招呼聲，終於讓聞聲時轉頭閃躲的米勒有了善

意的回應，最後他看見了米勒舉起了農夫帽向他示好，也看見了米勒臉上流露的親切笑容。

從此，史佩拉高聲地說「早安，米勒先生」時，米勒也會朗聲回應：「早安啊，西蒙先生！」

這樣的景況在納粹黨上台後中止了，因爲史佩拉全家與村中所有的猶太人，都被集合起來送往集中營。

排在長長的行列中，史佩拉靜靜地等待發落，從行列的尾端，史佩拉遠遠地看見了指揮官正揮舞著一根指揮棒，一會兒向左指一會兒向右指。

那是分配一個人生死的指揮棒，往左邊一指是死路一條，被分配到右邊的則還有生還的機會。

史佩拉排在長長的人龍之中，心臟怦怦跳動的聲音連他自己都聽見了。很快的，就要輪到他了，到底他會被派往左邊，還是右邊呢？

這時，他看清楚了這位指揮官，一個有權力支配他生死的人。當他的名字被叫到時，突然之間他的恐懼竟消失得無影無蹤了，因爲，他遇見了一個熟悉

的「朋友」。

當他與指揮官四目相遇時，史佩拉一如往常地，輕鬆自然地向指揮官說：「早安，米勒先生。」

雖然米勒的眼神裡充滿著冷酷無情，但是史佩拉看見朋友的那刻，心中竟然自在了許多。

當米勒聽見史佩拉的招呼聲時，身子突然不由自主地顫動了幾秒鐘，接著他也靜靜地回應了一聲：「早安啊，西蒙先生。」

忽然米勒舉起了指揮棒，喊了一聲：「右！」

史佩拉一聽，不禁激動地落下了淚，同時，他也回給了米勒一個熟悉的點頭和微笑。

人與人之間的情感要怎麼連接起來，從陌生人到好朋友的關係，又需要哪些交流過程？

其實很簡單，從故事中米勒與史佩拉的交往經過，我們便可得到啓發，一切只需要兩個字：「眞誠」！

在充滿對立與冷漠的氣氛中，史佩拉用熱情點燃了人與人之間的情感，還用誠摯的心融解了人們心中的冷漠。

在此同時，我們看見了他那寬厚的胸襟，也領悟了：「自己先放下，然後才能得到別人的接納。」

熱情能點燃人與人之間的情感，誠摯能融解人們心中的冷漠。先放下自己，我們會得到別人的接納。

掙脫心理枷鎖才能擺脫生活禁錮

如果心中的枷鎖無法打開，無論外面的氣氛多麼歡樂，也很難讓受困者的臉龐展露笑容。

誠實地面對我們目前所擁有的一切，無論是工作還是日常生活上的事，不管我們目前所選擇的生活如何，我們都要有這麼一個態度：「無論如何，眼前的一切都是我們自己決定的！」

這天，上帝對一隻被關在鳥籠裡的畫眉鳥說：「你想到天堂嗎？」

畫眉鳥不解地問：「為什麼要到天堂？」

上帝仰望著天說：「天堂啊，那裡寬敞明亮，而且不愁吃喝。」

畫眉鳥想了想，便說：「不過，我覺得現在的日子也不錯啊！像我的吃喝拉撒全由主人包辦，住在這個鳥籠裡，我一點也不必擔心颳風下雨。而且，我的主人天天都會和我聊天、聽我歌唱，日子過得很愜意啊！」

上帝明白地點了點頭，接著卻問：「但是，你自由嗎？」

「自由？」畫眉鳥重複了這個字，接著便沉默了。

於是，上帝以勝利者的姿態帶著畫眉鳥前往天堂，將牠安置妥當後，便繼續趕往祂的下一個任務。

一年後，上帝突然想起了畫眉鳥，便來到畫眉鳥居住的地方探視牠。

「啊，我的孩子，你現過得還好嗎？」上帝親切地向畫眉鳥問候。

畫眉鳥回答：「感謝上帝，我還活得很好。」

只見上帝滿意地點了點頭，接著又問：「那麼，你來談談這一年來，居在天堂裡的生活感受，好嗎？」

聽到這個問話，畫眉鳥竟長嘆了一聲：「唉，這裡什麼都好，唯獨這個籠子實在太大了，不管我飛到哪裡或飛得多遠，始終都找不到邊啊！」

當畫眉鳥最後埋怨著「找不到邊」，似乎也點出現代人經常犯的錯誤——「自我囿限」。怎麼樣才算是自由快樂的天堂？其實只要問一問我們自己：「你想要什麼樣的生活？」然後我們就能找到夢想的天堂。

心無法打開，也不願擺脫囚困的生活情緒，就像畫眉鳥來到自由天堂，卻無法適應自由空間的情況一樣，從中我們也明白了一件事，當心中的枷鎖無法打開，無論外在的環境給予我們多少幫忙，始終都是白忙一場。

解鈴還須繫鈴人，當問題糾結在心中時，眞正能開解的人始終是我們自己，如果心中的枷鎖無法打開，無論外面的氣氛多麼歡樂，也很難讓受困者的臉龐展露笑容。所以，到底是居住在鳥籠裡快樂，還是能在天堂自由飛翔快樂，最終還是要問一問我們自己：「此刻，在我心中是不是眞的快樂？」

8. PART

樂觀與悲觀只在轉念之間

悲觀的人總是在開心時忘了如何微笑，

而樂觀的人卻總能在不開心時重現笑容。

把中心點讓給對方站立

無論事情有多困難或有多少阻礙，懂得在第一時間捉住人心，那麼成功目標肯定已完成一半。

在談判的過程中，我們要把對方視爲我們成功的中心，凡事都以對方的利益爲考慮重心，並主動滿足對方的需要。如此一來，才能輕易地得到對方的積極配合，也更能培養出創造共同利益的默契。

有人認爲安德魯・卡內基的成功，是靠著「重視別人的名字」這一點獨特

認知而成爲舉世聞名的鋼鐵大王。

據說，這個「命名」的創意最早發生在他小的時候。那時，還只是個孩子的卡內基和一群孩子們正在玩耍，不久他在草地上發現了一窩小兔子。

卡內基發現小兔子似乎餓了，但是他卻沒有東西可以餵牠們。忽然，他想出了一個妙方，只見他對著其他孩子們說：「只要有人可以找到食物餵小兔子，那麼我就用你們的名字來爲小兔子命名。」

孩子們一聽，立即四處找尋食物，而卡內基從中也獲得了不少啓發，特別是在他未來的事業上。

有一年，卡內基爲了臥車生意之事和喬治．普爾門爭鬥了很久。當時，卡內基的公司與普爾門的公司，爲了爭奪聯合太平洋鐵路公司的生意，雙方互不相讓，經過一番廝殺，最後竟造成兩敗俱傷的局面。

有一天，卡內基忽然想起了兒時的這段往事，於是他和普爾門在拜訪完鐵路公司的董事會後，相約在一家飯店碰面。

普爾門一踏入餐館，卡內基立即說：「晚安，普爾門先生，我想，我們還

是停止爭鬥了吧！再這樣下去只會出洋相！」

普爾門一聽，不解地問：「爲什麼這麼說？」

於是，卡內基將自己重新計劃好的事，仔細地說給他聽：「我認爲我們兩間公司可以合併起來！」

接著，他將合作後的版圖與利益詳加說明，並將爭鬥的壞處仔細分析，然後進一步希望得到普爾門的認同與支持。

雖然普爾門聽得相當專心，但是當卡內基將計劃說完後，他用懷疑的眼神問道：「那這間新公司叫什麼名字呢？」

卡內基毫不猶豫地說：「就叫普爾門皇宮臥車公司！」

普爾門一聽，立即瞪大了雙眼，漫不經心的神情隨即變成滿臉精神的模樣。他聽到卡內基的「命名」後，立即說：「嗯，等會兒我們再到我的辦公室裡好好地討論一下！」

從心理層面來看，卡內基的成功是必然的。因爲，一個懂得捉住「人心」的人，無論事情有多困難或有多少阻礙，當他懂得在第一時間捉住人心，那麼他的成功目標肯定已完成一半。

所謂「攻心爲上」，卡內基緊捉人性的虛榮心理，並退讓地以對方的「名字」作爲代表稱號時，他也很清楚地區別了兩者的內在需求不同。我們也很清楚地看見，普爾門是個名聲重於合作利益的人，而卡內基則是個尋求合作更重於名聲的聰明商人。

從中我們也很輕易地比較出，卡內基的未來將會超越每一個人的預測。

從故事中，仍然汲汲營營地追求成功的人，又得到了多少啓發？

其實，卡內基的成功定律很簡單，他只強調一件事：「**想成功，就要先放開私心，退讓出紅心點給對方站立。**」

聰明的人不會只看見圓靶上的那個紅點，他們知道，把紅心視爲圓規的中心定點，然後便能劃出另一塊伸展無限的「圓」地！

想佔上風，請先保持冷靜

懂得忍讓的人從不感到委屈，他們之所以自發地退讓，是因為他們在冷靜退讓後的角度中，看見了另一片更寬廣的發展空間。

英國詩人彌爾頓曾說：「心靈有它自己的地盤，在那裡可以把地獄變成天堂，也可以把天堂變成地獄。」

如果你用負面、消極的心情面對問題，再如何簡單容易的事情，也會變得無比艱難。如果懂得用正面、樂觀的心情去面對，那麼，再如何複雜困難的事情也會心想事成。

跟著情緒行動的人，失去的機會一定比保持冷靜的人還要多。因為，依靠情緒行動的人，很容易讓自己的缺點完全曝露，對手將一眼識破他的弱點。

格拉斯今天將和一位非常難碰面的人約會，在希爾德公司擔任銷售經理這麼多年，他爲了與這位重量級的客戶見面已經等了很久了。

這天，他們約好上午九點整在客戶的會客室見面，但格拉斯一直等到了九點半才看見這個人走出辦公室。

然而，這位客戶似乎並沒有發現格拉斯，直接走向秘書桌邊與同事說笑，接著便又走了他的辦公室中。

等到十點時，格拉斯忍不住問接待的秘書人員：「請問，布萊克先生什麼時候能見我？」

秘書冷冷地看了格拉斯一眼，不悅地回答道：「我不知道，他正在忙，你再等一會兒吧！」

格拉斯有些埋怨地說：「他很忙嗎？我剛剛還看見他走出來聊天啊！」

秘書回答：「總之，他有時間見你的時候，自然會出來見你！」

格拉斯聽見秘書如此高傲，情緒有些被挑起。就在發作前，突然他想起了自己在當拳擊手時，教練送給他的一句話：「不要生氣，當別人生氣的時候，他們必定會得到反效果，如果你能保冷靜，最終你一定能佔上風。」

於是，他不斷地提醒自己：「冷靜，不要讓憤怒佔上風，否則你會讓自己曝露在危險中，任由對手擺佈。」

枯坐在接待室裡思索的格拉斯，看著自己名片上的「銷售經理」四個字，忽然意識到：「看來，他一定是故意要激怒我！不行，如果我真的被一時的情緒影響，恐怕無法理智地發揮自己的能力，所以，格拉斯，你一定要冷靜地接受考驗。」

格拉斯在接待室裡與自己爭鬥一番後，情緒終於緩和了下來。只見他滿臉微笑，耐心等待著：「他最終會來找我的，當他朝著我走來時，我便知道是誰佔上風了！」

想像自己也正如故事中的格拉斯一般，遇到了相同的爲難景況，然後再試著想像，面對這樣的情況你會怎麼處理？

是像格拉斯般不斷地告訴自己：「我知道他是想考驗我，格拉斯，你一定能把情緒冷靜下來，反正你時間多得是！」

還是會情緒一挑，憤憤不平地說：「少了你這筆生意又怎樣？我就不相信沒有其他的機會！」

其實，無論哪一個想法都有積極正面的意義，只是後者受制於情緒上的情況更多於前者，而我們都知道，容易受制於情緒操控的人，無論在什麼樣的情況下，確實很容易失去最好的機會。

懂得忍讓的人從不感到委屈，他們之所以自發地退讓，是因爲他們在冷靜退讓後的角度中，看見了另一片更寬廣的發展空間。

他們更知道：「只要我們比別人更加冷靜，不僅什麼也不會失去，反而有機會得到人們讓步的空間。」

少計較才能讓成功長駐

聰明的商人懂得在絕對「計較」的觀念裡，找出「不計較」的商量空間，好讓對方心甘情願地讓出一片更寬廣的空間。

伊索在寓言故事集裡提醒世人：「有些人因為貪婪，想得到更多的東西，卻把現在所有的也失掉了。」

無論我們處在什麼樣的環境，目光都要放得長遠，細心地照顧對方的需要，不過分計較自己一時的得失，反而更能讓自己獲得長久的利益。

福斯特的公司曾經與弗萊公司有過一年的合作關係，當時福斯特以市場上既定的價格，向弗萊公司購買一些原料物件等。對弗萊公司來說，福斯特是他們當時最重要的客戶之一。

有一天，弗萊公司的副總裁伍德沃德與福斯特連絡，希望能與他在匹茲堡見面，討論合約上的一些問題。

福斯特提早一天抵達，一夜的休息與思考，讓他在第二天早上與伍德沃德見面時，便猜出對方提出見面的原因了。

果然，一如福斯特所預料的，對方一見面便說：「我仔細地看過目前雙方所簽定的合約，然後我發現，我們現在恐怕無法照著合約上的價格，供給您們這些材料了，因爲那實在不敷成本。」

一般人聽到這裡幾乎會這麼想：「是嗎？想提高價錢了是吧！那麼我們七個月後再談吧！」

而一般供應商聽到客戶這麼說，也幾乎都會退讓，會繼續照著合約供貨，但是彼此之間的合作關係恐怕會越來越不愉快。

但是，事業剛有起步的福斯特心裡卻想著：「我的確很需要一個穩固且能長期合作的供貨商，他們所提供的材料品質一直都很穩定，在價格方面，我們似乎也該有些讓步！」

於是，福斯特問：「那麼這紙合約您希望怎麼修改？」

伍德沃德說：「在材料價格我們希望能改爲二十元。」

接著，伍德沃德向福斯特解釋物價調漲的原因。福斯特仔細聽完他的解釋後，點了點頭，接著又拿出了一張紙，並在上面寫下一個數字。

伍德沃德一看，吃驚地說：「二十五塊？我剛剛是說，我只要調漲到二十元就好！」

福斯特笑著說：「我知道，但是我願意支付二十五塊。」

伍德沃德又問：「爲什麼？」

福斯特沒有多說什麼，只問：「請你告訴我，你們打算在新合約上簽多長的合作時間？」

伍德沃德想了想說：「三年！」

福斯特一聽，滿意地點了點頭。

於是，在新合約上，福斯特得到了一個長期合作的承諾，而伍德沃德則得到了一個好的價錢與重要客戶。

伍德沃德回到公司報告時，全公司的人幾乎認定他是個英雄，而福斯特則在飛機上想像著，弗萊總裁向公司員工說的話：「嗯，對方願意主動多給我們五塊錢，證明他是個值得長期合作的伙伴。」

在傳統的商場競爭觀念中，大多數人的認知是「錙銖必較」、「分毫不差」，在即使只有一塊錢也要競爭的財富計較中，又有多少人眞正地獲得了「計較」後的好處呢？

一個聰明的商人懂得在這絕對「計較」的觀念裡，找出「不計較」的商量空間，好讓對方因爲自己的讓步，而心甘情願地讓出一片更寬廣的空間，一如故事中的福斯特便是最好的例證。

也許有人想提出質疑：「多出來的五塊錢，在成本計較與盈收利潤的計算時，累積出來的數目可不小啊！」

就白紙黑字上的金錢計較，成本累積確實不小，但若是從長遠的角度來看，建立一個穩定且可靠的合作關係，不正是人們最渴求的目標嗎？

對福斯特來說，「長期合作」與「原料品質」的可靠性，絕對比當下的金錢計算來得更爲實際。他的故事提醒我們，不要管金錢收入的一時起跌，而要認眞地在商場上建立一個紮實的根，只要守住了根本，自然能等到枝葉茂盛的豐收結果。

讓步，也要有一定限度

給自己獨立的思考空間，也給自己堅持原則的勇氣，才能避開一場又一場的錯誤，也才能激盪出非凡的未來藍圖。

雖然待人處事要以和爲貴，但當我們將對方視爲最信賴的友朋，並處處包容的同時，仍然要有自己的堅持，而不該是一味地退讓。因爲，過度的退縮，最終恐怕會出賣了自己。

我們都有自己的獨立觀點、個人原則與立場，正因爲每個人都擁有著思考的獨立性，所以我們不該一味地退讓，一味地迎合，而忘了溝通談判時的原則，即交換個人心得與想法的重要性。

一九三八年，希特勒吞併奧地利後，便立即展開侵佔捷克的行動，他以某區域糾紛爲藉口，向捷克提出重劃領土的要求。

對此，當年的英國首相張伯倫與法國總理達拉第爲了拉攏德國，共同對抗蘇聯，竟對希特勒的侵略行爲採取退讓政策。

一開始，張伯倫便不斷施加壓力，要求捷克政府要盡力滿足德國，而希特勒則在法、英兩國的暗中默許下，開始在蘇台德地區蓄意製造事端。

爲了加快妥協的腳步，張伯倫還派員充當捷克與日耳曼人的中間協調人，然而特派員對日耳曼人的姿態卻越來越低，對捷克政府則愈來愈苛刻。

就在日耳曼人與捷克的摩擦越演越烈之際，德軍忽然調派了數十萬精兵至邊境，接著還公然進行軍事演習。原來工於計謀的希特勒，一方面對捷克軟硬兼施，另方面則企圖以武力要挾英法。

眼看著德國不斷地製造事端，張伯倫不得已，千里跋涉至德國，準備親自

與希特勒會晤、溝通。

只是沒想到這場談判，卻讓希特勒更加壯大，因爲張伯倫完全被希特勒操控，爲了得到德國的最大妥協力量，他一再地退讓，甚至還不斷地向希特勒的示好。無論希特勒提出什麼不合理的意見，一心只想避免戰爭的張伯倫，竟什麼事都答應了。

後來，英、法、德、意四國在慕尼黑召開一場協調會議，雖名爲協調會議，事實上是將捷克更進一步完全出賣給希特勒，至於張伯倫則成了出賣捷克的實質「仲介人」。

看著歷史上的錯誤，相信許多人都忍不住想重返當年歷史，好直斥歷史人物的是非對錯，並扭轉歷史故事的結局。

但是，果眞能回到當時，我們是否眞能開解張伯倫的錯誤呢？

或許不能吧！因爲活在當時，自然會有當時的盲點，爲了避免合作關係破

裂而一味退讓的張伯倫，在外交謀略上的失敗與造成悲劇的情況，不也隱隱約約地與現實生活中的你我處事方式不謀而合呢？

因為害怕或沒有勇氣改變，我們總是經常做出「一味妥協、退讓」的答應，最終合了對方的意，卻苦了自己的心。

在這樣的心不甘情不願的合作關係下，我們不僅很難造出美好的未來，更有可能為自己人生新添一筆錯誤。

所以，給自己一個獨立的思考空間，也給自己一個堅持原則的勇氣，因為有機會集結不同的個人視野與角度，才能避開一場又一場的錯誤，也才能激盪出非凡的未來藍圖。

狐狸尾巴比它的身體還要長

談判並不需定唇槍舌劍，很多時候用一個巧妙的比喻或清晰的形容詞彙，反而更能讓人了解對方的需求與目的。

作家班．瓊森曾說：「能夠用語言表達自己的想法，是人類優於其他動物的地方。在言談中，詞彙是軀體，語言是靈魂。」

在談判桌上，想要爭取自身應有的利益，並尋求對方能夠接受的退讓空間，就一定要用心地累積和活用生活智慧，因爲成功的談判技巧很難從刻板的理論中獲得。

為了伊朗石油價格的問題，伊朗首相穆罕默德決定和英國人進行一場石油談判，好為他的國家多爭取一些利益。

不久，英國派來了一位著名的經濟專家蒙夫里爾．哈里曼。

兩個人坐在談判桌上，穆罕默德首先開出條件：「我方認為，目前的原油價格實在太低了，我們想要調漲一成。」

哈里曼一聽，滿臉為難地看著穆罕默德，接著說：「首相，在談判桌上我們應當理智地討論問題，您說是不是呢？」

穆罕默德點了點頭說：「那當然！」

哈里曼看著穆罕默德同意他的說法，便又積極地說話：「那麼，我們就必須共同遵守一些原則，是吧！」

穆罕默德側著頭想了一會兒，接著又問：「要遵守什麼原則？」

只見哈里曼滿臉自信地說：「譬如，我們很少看見一件東西的局部獲利，

竟比它整體的價格還要大，不是嗎？」

聰明的穆罕默德聽見這位經濟專家這麼說，只笑著問：「是嗎？你認爲這個原則眞的站得住腳嗎？如果您的學識果眞非常淵博，那麼您應當知道，狐狸的尾巴不是比牠的身子還要長嗎？」

哈里曼與一同前來的英國官員，聽見穆罕默德這個絕妙的比喻，都忍不住笑出聲來。

最後，哈里曼對他說：「是的，您說得沒錯！」

談判並不需定脣槍舌劍，很多時候用一個巧妙的比喻或清晰的形容詞彙，反而更能讓人了解對方的需求與目的，就如同故事中的穆罕默德，用具體的事物來駁斥哈里曼佔據利益的企圖心。

其實，坐在談判的圓桌上，沒有人不爲自己的利益著想，然而如何才能「創造雙贏」，這才是具有合作關係的雙方應該認眞思考的方向。因爲，無論在什

麼樣的競爭關係中，共謀雙方的利益，始終都比單打獨鬥所掙得的好處來得更加永久。

所以，我們不必扯破臉對立，而是要在顧及對方情緒與立場的態度中，聰明地將問題換個角度切入，就像穆罕默德從狐狸尾巴比身長的對比中，學習談判高手的想像與機智。

在他靈活反應的表現能力中，我們領悟到：「從日常生活中累積談判的素材，並學會活用生活中的物件來做例證與對比，如此，更能迅速地獲得對方的接納與妥協。」

樂觀與悲觀只在轉念之間

悲觀的人總是在開心時忘了如何微笑，而樂觀的人卻總能在不開心時重現笑容。

無論是悲觀還是樂觀的念頭，唯一能改變或掌控的人終究是我們自己，如果你希望能夠天天微笑，那麼你現在該進行的工作，正是對著鏡裡的自己說：「笑一笑吧！」

老陳育有一對可愛的雙胞胎兄弟，不過兩個外表極其相似的男孩，在個性

上與想法上卻是南轅北轍，一個是極端樂觀主義者，一個則是無可救藥的悲觀主義者。

在雙胞胎生日的這天，老陳想試試雙胞胎兒子面對事情時的反應與態度。於是，他在悲觀兒子的房裡堆滿了各種新奇的玩具與遊戲機，至於樂觀兒子房裡的東西卻是一堆馬糞。

晚上，老陳走過悲觀兒子的房門，卻發現兒子正坐在玩具堆中傷心地哭泣著。老陳連忙著急地問：「我的寶貝兒子啊！你為了什麼事在哭呢？今天是你的生日啊！是不是玩具太少了？」

小男孩聽見爸爸的關切聲，竟哭得更大聲了，接著還嗚咽地說：「不是玩具太少，而是我怕我的朋友們會嫉妒我，還有，這麼多玩具的使用說明書，我要讀很久後才能玩啊！而且，這些玩具要不斷地更換電池，最後還會壞掉，想了想，我便忍不住地哭了起來。」

老陳聽見悲觀的兒子這麼說，無奈地嘆了口氣，他拍了拍兒子的肩膀後，接著又安慰了幾句便離開了。

這會兒，他走進了樂觀兒子的房間，卻發現，這個兒子竟然在馬糞堆裡快樂地叫喊著。

老陳好奇地問兒子：「我的寶貝兒子啊！什麼事讓你這麼開心呢？」

男孩眉開眼笑地說：「咦？我當然高興啊！爸爸，我知道這附近一定有匹小馬！你說是不是？」

老陳聽見樂觀兒子的想法，忍不住笑著點了點頭，他心中盤算著：「等會又要去花錢了！」

雖然我們都知道，樂觀與悲觀只是一個轉念，但是當我們完成了這個轉念之後，它卻足以影響我們一輩子。

懂得轉化悲傷或化解傷痛的人，就像故事中那個樂觀地將「馬糞」聯想至「小馬」的男孩。一個相信陽光隨時都會出現的人，自然是處處皆黃金，即使生活再辛苦，也會積極生活，因爲對他來說：「遇見風雨是正常的，陽光始終

都會出現。」

反之，生活充滿悲觀擔憂的人，一如故事中的悲觀男孩，即使外面陽光普照，他也會擔心：「午後恐怕會有一場雷陣雨！」

無論是悲觀主義者或樂觀主義者的人生，都一樣會在開心與不開心的情緒中轉換，只是悲觀的人總是在開心時忘了如何微笑，而樂觀的人卻總能在不開心時重現笑容。

然後，我們從這樣的比較中發現，樂觀積極的人都是調解心中快樂與悲傷的高手，對他們來說：「能夠建造成功快樂人生的人，只有我自己。」

不要因為競爭而輸掉人生

爭一口氣的代價實在太大了，或許起先是為了自尊和面子，但最後付出的代價卻是你的人生。

有競爭才會有進步，但是在競爭的過程中，你眞的知道自己要的是什麼嗎？從這個競爭得到的又是什麼？

有時候，我們會爲了一些莫名的原因與他人爭來爭去，爭到最後連自己在爭什麼都搞糊塗了，而在競爭的過程中，錯失掉許多美好的事物。這些事物，可能是一個朋友、一段感情，甚至健康……

目的達到後，失落感往往比成就感大，得到的反而不一定多。

街角有一個修鞋匠，年約五十多歲，每天工作的時間不長，天氣不好時更是早早收攤回家。

有一天，來了另一個修鞋匠，年紀跟先前的差不多，臉上佈滿皺紋，是個拄著枴杖的瘸子。

從那天起，第一個修鞋匠拉長了工作時間，連颳風下雨也不肯離開。兩個人的競爭從此展開，彼此都想多賺一點錢。他們從來沒有跟對方說過話，每天誰來得早就佔主要的位置，另一個只好摸著鼻子窩到角落裡。

一天天過去，兩個人明爭暗鬥，起床的時間也不斷提早，彼此毫不讓步，連旁人看了都忍不住搖頭嘆氣。

冬天到了，這樣的情況沒有減緩，反而越來越嚴重。爲了佔到第一個位置，兩人甚至在寒冷的夜晚在戶外打地舖睡覺。晚上凍了一夜，白天起來工作時，兩人臉色都很差，連手都裂開了。寒流來時，就算街上一個人也沒有，他

們還是沒有提早離開過，就像雪裡的兩座雕像。

這樣的競爭持續了一年，有一次，瘸子沒有出現，另一個疑心著他是不是生病了，幾天過後還是沒有見到他的人影。

某天，第一個鞋匠正低著頭修鞋時，聽到對面擺攤的老闆說：「那個瘸子眞可憐，腦溢血拖了幾天，還是死了。」

修鞋匠一聽愣住了，眼淚掉了下來。那瞬間他突然覺得自己好傻，就爲了爭一口氣，兩個人沒命的比較，現在人死了，他卻連話也沒跟對方說過。

他想通了人生不過如此，實在沒必要這樣的計較，便在清明的時候，買了一些紙錢燒給死去的修鞋匠。

過了一陣子，又來了一個比較年輕的修鞋匠，老是搶第一個位置。年長的修鞋匠總是笑著讓給他，後來兩人成了朋友，天天有說有笑的一起工作。

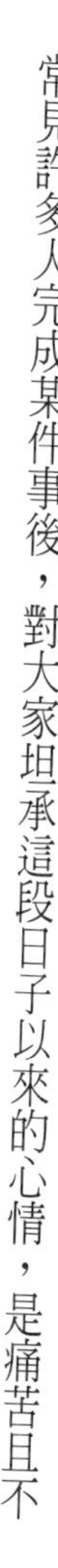

常見許多人完成某件事後，對大家坦承這段日子以來的心情，是痛苦且不

快樂的。

問他們明知如此，爲何仍然選擇這樣做時，得到的答案就只有一句話：「就是爲了爭一口氣啊！」

這樣的回答的確震撼人心，可是代價實在太大了。或許起先是爲了面子和自尊，但是最後付出的代價卻是你的人生。有些時候，只是自己太過在意別人的看法，其實換個角度跟方向，也同樣可以肯定自己。

在修鞋匠的爭奪戰中，兩人都失去了與家人相處的時間，其中一個甚至丟掉性命。他們把所有心思用在如何和對方較勁，即使沒有客人也不在乎，這樣的爭奪一點也沒有意義。

認清自己的目標和目的，做良性的競爭，不是更有意義嗎？

消極訊息會讓人失去活力

面對消極負面的訊息時，
如果我們能用積極正面的態度去解讀，
那麼再多的否定話語，
也無法消減我們的生命活力。

消極訊息會讓人失去活力

面對消極負面的訊息時，如果我們能用積極正面的態度去解讀，那麼再多的否定話語，也無法消減我們的生命活力。

因爲易受煽動的人心，讓許多人無法積極樂觀地面對生活。其實，消極訊息始終不敵積極行動，信心始終執在我們的手心，無論在什麼樣的情況下，無論別人怎麼否定，都要給自己多一點自信才是。

站在泰勒面前的海軍上校大約有一百八十五公分，體重大約也有一百四十

公斤，以這樣的體型與重量來看，他確實像個舉重運動員。

泰勒從聽衆席中挑選出一位志願者，並準備從志願者身上的肌肉變化，來解釋人們在活動時，身體將產生的影響與變化。

泰勒先是向聽衆解釋：「一般來說，人體的活力會受到外在各式各樣的影響，但是，無論我們產生了什麼樣的變化，有個情況是永遠不變的，那便是『只要你活著就一定會有活力』。無論是食物的享受，或是衣飾變化上的感受，甚至是音樂藝術或詩歌閱讀，都是用來豐富生命情感，增加生命活力，但是無論如何，你的活力和信心，始終得靠你自己催生與刺激。」

泰勒解說完畢，接著便走到滿臉疑惑的上校身邊。然後，他對著上校說：「請舉起您的左手，與肩平行，舉穩了，千萬別動。」

接著，他轉身對觀衆說：「上校平舉的模樣似乎可以掛吊一個人，不過，等一下我會用一個『消極的念頭』來降低他的手臂力量！」

台下觀衆聽見泰勒這麼有自信地說著，不禁露出懷疑的眼神，連上校也輕蔑地一笑。只見泰勒先是緊緊地抓著上校的手臂，接著對他說：「上校，我們毫無疑問地認定，您是位令人敬重的軍人，而我們從您的領導之上看見了堅定的意志與絕不動搖的毅力。」

泰勒說完這段正面且積極的肯定話語後，便試著將上校的胳膊往下拉，企圖讓上校的手臂鬆落，但無論怎麼用力，就是無法讓上校的手臂「放下」。這讓上校十分開心，只見他驕傲地對泰勒說：「很辛苦吧！」

對於上校的嘲諷，泰勒沒有任何表示，但是接下來，他卻用一種十分嚴肅的口氣地說：「但是，上校，科學家們曾經研究發現一件事，他們指出，大多數軍人的智力普遍低於一般人！」

上校聽見泰勒竟然嘲笑他，臉上立即堆滿了不悅，這時泰勒再用相同的力量將上校的手臂往下壓。這一次，泰勒竟然成功了，一瞬間他便把上校的手拉了下來，這讓現場觀眾看得目瞪口呆。

接下來，在「正面肯定」與「消極否定」之間，泰勒又反覆地測試了好幾次，還請了不同的觀眾上台試驗，結果全都一樣！

最後，泰勒總結說：「不知道大家在這堂課中獲得了多少，但有一件事大

家應該都看得很清楚，那便是，消極的訊息會消減我們的活力！」

從泰勒的實驗中，我們看見了「消極」與「積極」訊息的影響。因爲肯定的讚揚，上校產生了堅毅的自信；反之，因爲消極訊息導致的消極心理，讓上校在心中產生了負面影響，進而讓自己失去了信心。

整理一下泰勒的實驗結論，我們可以這麼說：「問題不是在這一句話，重要的是當我們聽見這些訊息時，該怎麼去解讀或消化人們傳遞出來的積極正面與消極負面的訊息。」

其實，生命的活力只存在我們身上，要讓它展現或隱藏，也存乎我們的一念之間。就像故事中的上校，面對消極負面的訊息時，如果我們能用積極正面的態度去解讀，相信「努力」定能戰勝「智力」，那麼再多的否定也無法消減我們的生命活力，更無法削弱我們追求成功的企圖心與信心。

個人信用一旦喪失便很難重建

對大多數人來說「失信等於欺騙」，所以當人們被欺騙過一次之後，心中留下的傷疤，恐怕很難在短時間內得到平撫。

人無信而不立，我們不僅要凡事謹言慎行，更要力求盡心負責，一旦失信，我們非但無法面對的他人，更無法面對自己。

個人信用一旦喪失，想要再贏回人們的肯定，確實不是件容易的事，所以人們常說，守信是人生的第一要件。

曼迪諾在創作《矢志不渝》這本書的時候，由於截稿日期迫在眉梢，只好僱請一位助手來幫忙處理文稿，後來他找到普勞密斯先生。

曼迪諾把自己錄製好的錄音帶交給普勞密斯，並對他說：「我已經把這本書的基本內容全錄了下來，請你一邊聆聽，一邊仔細地將錄音帶裡的文字一一謄寫下來。這裡有張進度表，請你務必準時完成。」

普勞密斯先生點了點頭說：「沒問題。」

普勞密斯先生果真在二個星期之後，準時地將稿件交給曼迪諾。

曼迪諾將稿件仔細地看了看，很滿意地點了點頭：「很好，您的試用期已經過了，接下來我將安排更重要的任務給你。」

但是，沒想到就在一切進入軌道之後，普勞密斯竟開始出現惰性了。

一開始，他確實都能謹守承諾與工作時間，但過了幾天之後，曼迪諾卻發現，他的工作態度越來越糟，不僅工作進度越來越落後，甚至連已經完成的稿件也紛紛出現了問題。

每次曼迪諾去找他時，他都說工作已經完成了百分之九十，然而曼迪諾第

二天去找他時，他還是說：「工作已經完成了百分之九十！」

當曼迪諾看著已完成的稿件，竟落了好多段落，甚至連排印都錯誤百出，感到非常生氣，這讓他承擔了更多的責任與麻煩。在完全失望中，曼迪諾支付了普勞密斯先生部份應得的薪水後，便請他走人了。

一年後，曼迪諾獲得了一份與政府合作的新合約，這次他依然需要許多位幫忙謄寫的助手，於是在當地的報紙上刊登了一個廣告：「敬邀專業謄寫員來競標！」

不久，曼迪諾接到了一位男子的來電，竟是普勞密斯先生。他在電話裡再三地對曼迪諾說抱歉，並且一再保證：「這一次我一定會做得很好！」

「您願意再給我一次機會嗎？」普勞密斯在電話的那頭謙卑地問著。

曼迪諾只輕輕地說：「很高興你已經自省了，但很對不起，我還是想把這個機會讓給其他人。」

看見普勞密斯開始出現怠惰的工作態度時，我們其實也可以很直接地點明，那正是他的生活態度。雖然他能隱藏一時，卻無法永遠隱匿，因爲生活態度永遠是眞實也是最現實的。

曾經言而無信的人，想在人們心中重建形象是件十分困難的事。對大多數人來說「失信等於欺騙」，所以當人們被欺騙過一次之後，心中留下的傷疤，恐怕很難在短時間內得到平撫。

能堅守信用便能取信於人，因爲能取信於人，我們便能得到人們的肯定與支持，所以古有云：「信義是立業之本。」

在充滿問心有愧的氣氛中，我們又如何能積極前進呢？

沒有人躲得過良心的懲罰

你是否也曾有過「明知犯錯卻不敢面對」的情況？當事情過後，你是否真的能在時移事易之後，忘了昨日之非呢？

想要忘記昨天曾經犯下的錯誤，確實不是件容易的事。但是，錯誤已經發生，傷害也已經造成，如果還無法面對並勇敢承擔，這樣的人恐怕無法成爲有肩膀的人，讓人相信依靠。

盧梭曾在他所撰寫的《懺悔錄》中，記錄著這樣一件事：

出生在窮困人家中的盧梭，很小的時候便出外謀生，幫忙分擔家計，他的第一份工作是在一位伯爵家中當小佣人。

有一天，盧梭看見伯爵家的一個侍女，手上拿著一條很漂亮的小絲帶。他越看越喜歡，最後竟然還趁著人們沒注意時，偷偷地將侍女擺放在床頭上的小絲帶拿走，並獨自一人跑到後院裡把玩起來。

就在這時候，有個僕人正巧從身後走過，而且還發現盧梭手上的小絲帶，便立刻向伯爵告狀。

伯爵聽說盧梭偷東西，十分生氣，立即將他叫到身旁，厲聲追問：「你手中的小絲帶從哪拿的？」

盧梭從未見過伯爵這麼生氣，害怕得一個字也說不出口。

接著，他又想到：「如果我承認小絲帶是我拿的，那我一定會被伯爵掃地出門，而且有這個記錄之後，我以後恐怕很難想再找到工作了。」

盧梭邊想邊計謀著，最後他竟編了一個謊言，說道：「小絲帶是廚房的瑪麗安小姐偷給我的。」

伯爵半信半疑地叫瑪麗安出來與盧梭對質，善良又老實的瑪麗安一聽到被栽贓，頓時愣住了，邊著流淚邊說：「不是我，絕不是我！」

但是，盧梭卻緊緊地咬住瑪麗安，甚至還把所謂的「事發經過」捏造得有聲有色，讓人很難不懷疑這件事的始作俑者根本就是瑪麗安。

看見兩個人互相推卸，不承認犯錯，伯爵十分光火，怒喝一聲：「你們兩個現在馬上給我離開伯爵府！」

就這樣，盧梭與無辜的瑪麗安同時都被解僱了。當他們走出門口前，有位長工對他們說：「我知道，你們之中一定有一個人是無辜的，而說謊的人接下來則一定會受到良心的懲罰！」

果然，這件事讓盧梭痛苦了一輩子，直到四十年後，他才在自傳《懺悔錄》中表示懺悔：「殘酷的回憶經常擾得我輾轉難眠，每當我苦惱得睡不著覺時，恍惚間，我便會看見那個可憐的女孩譴責我的罪行……這個沉重的負擔長年壓在我的良心上，所以我決心寫這部充滿懺悔的自傳。」

你是否也曾有過「明知犯錯卻不敢面對」的情況？事情過後，你是否真的能在時移事易之餘，忘了昨日之非呢？

很難吧！就像故事中的盧棱，因爲一己之失，而造成別人也無辜波及、傷害時，無論躲不躲得過譴責，相信稍有自省能力的人，如果沒有坦白出來，終將在自省後的「自責」中辛苦生活。

人難免有錯，錯了就要勇於承擔。因爲，當我們勇於面對，決心負責時，也等於彌補了錯誤中的缺失，更幫我們塡補了處事時的漏失，以及我們性格、品德上的缺陷。

所以，要求別人原諒時，不如先要求自己要勇於面對與悔省，告訴自己：「我不是完人，難免會有犯錯的時候，我要勇於面對，因為我躲不過心底良知的懲罰。坦然面對生活中的一切，如此才能正大光明地前進。」

因為心美，所以萬事皆美

真誠地關心別人，無私地付出、愛人，我們不僅能得到等值的回報，更重要的是，我們會得到相同的關愛與敬重。

因爲心地美麗，所以外貌也溫柔美麗。

這是一種因果關係，也是我們經常從社會上聽見與親眼看見的美麗景緻，並激起我們感動的幸福風景。

美國羅克曼公司董事長哈桑．歐皮爾，育有一對事業有成的子女。雖然妻

子早在十年前便去世了，念及與愛妻的一番情義，他一直都是鰥夫獨居，不願續絃。

某天，哈桑突然患了重感冒且高燒不退。僕人送他進醫院後，他一切生活需求皆由家僕與醫院的護士幫忙。雖然親朋好友們不時會來探望他，但是他最期望看見的兩個子女和孫子們卻沒有一個人來探望他。

面對至親的不理不睬，哈桑十分難過，此刻他又想起了過逝的妻子，竟忍不住涕淚滿面。

醫院裡一位資深護士密倫．凱南小姐發現後，對他無微不至，不時親自打理他的生活起居，甚至連下班後也不辭辛苦地繼續陪伴他。

不久，老哈桑對這位體貼入微的護士產生了好感，有感而發地對護士說：「親愛的凱南小姐，妳的熱情與體貼，讓我忍不住想起我的愛妻，妳知道嗎？她在世時也是這樣關心我，我實在很捨不得離開她……我說到哪裡去了，對不起，請妳原諒。」

哈桑深情地望著凱南，凱南只是微微一笑：「這是我應該做的事。」

當老哈桑聽說，凱南因爲了醫務工作而錯過婚期時，這讓他更加確定了一件事，一個未來的抉擇。

哈桑的病慢慢地康復後，凱南小姐都會扶著他到處走動。有天，哈桑深情地回過頭看著凱南，接著竟說：「親愛的，嫁給我吧！我知道，只有妳才能陪伴我，妳不會嫌我老吧？」

凱南吃驚地看著哈桑，心忍不住悸動著，接著輕聲地說：「我長得這麼醜，根本不配你。」

哈桑聽到凱南這麼說，反而激動地抱住了凱南說：「不，妳很美，妳的心美極了，妳絕對是個美人兒。」

就這樣，哈桑出院的第二天，他們便到教堂舉行婚禮，晚上，他們還接著舉辦了一場舞會。但是，沒想到就在舞會結束後不久，哈桑竟突然心臟病發，當晚便走了。

以爲將得到幸福的凱南，忽然又只剩一個人了。雖然丈夫哈桑將自己的遺產全部留給了她，卻也爲她帶來了不少麻煩，因爲哈桑的兒孫們都認爲哈桑死

得蹊蹺，於是向法院指控後母凱南，不想讓她繼承父親的財產。

兩天後，法院裁定，遺產歸凱南女士所有。

因為，哈桑在結婚前夕交給法院公證的一份材料中，親筆寫下了這麼一段話：「我知道自己來日不多，我現在想與密倫．凱南小姐結婚，我要將我的財產全部奉獻給這位好心的護士。凱南小姐的確是個善良的女孩，特別是她對人的責任心與愛心實在沒人能比得及。我娶她不是要佔有她，我想把自己的財產全部都回報這位好心的人。」

這是哈桑在結婚前一天所寫下的遺囑，並由管家親自送交公證部門，所以哈桑的財產繼承人的確是凱南小姐，而且哈桑還聲明他的財產不再分給其他的親屬和子女。

我們如何待人其實都是「發自內心」，每個人都能感受到我們的關懷是否眞心。心怎麼想，我們很自然而然地便會怎麼行動，所以故事中的女護士密倫

．凱南無私付出的愛與關懷，讓哈桑充分地比較出，親友與護士的付出哪一個才是真心。

希望得到關懷，期望人與人之間多點祥和，必須靠我們去執行、實踐。關懷發之於我們自己，然後才能得到人們的回應，懂得先美化我們的心，然後我們才能看見並擁有相同美麗的回應。

護士最終得到了些什麼其實並不重要，因爲故事中的旨意，是要告訴我們：「真誠地關心別人，無私地付出、愛人，我們不僅能得到等值的回報，更重要的是，我們會得到相同的關愛與敬重。」

平淡與謙虛是長壽的法寶

平心靜氣地面對人生中的起起伏伏，人生不長也不短，快樂健康最重要，富貴名利要看淡，自在生活才享受。

凡事能謙卑與看淡，生活自然自在且無欲，也因爲自在無欲，我們才能讓情緒放輕鬆。

當我們能夠保持著愉悅與樂觀的心情，能夠天天微笑，在充滿積極、快樂且輕鬆的生活氣氛中，我們怎麼可能得不到健康、長壽的人生呢？

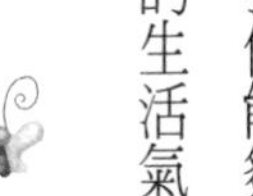

出身貧寒的法拉第，十三歲時便在街上派報，十四歲時則在一間書店當學徒。勤奮好學的他，雖然只有晚上和假日才有時間學習，卻仍能考進英國皇家學院，成為物理學家戴維身邊的實驗員。

只是跟在戴維的身邊並不輕鬆，甚至可以說異常的辛苦，但是法拉第從來都沒有埋怨過一句話。一八三一年，戴維去世後，法拉第順理成章地接替了戴維的全部工作。

這時，法拉第才正試開始自己的物理學研究，此時他已經四十歲了。

法拉第上任的第一天，校園內許多學生和同事們全都來祝賀他，但法拉第卻說：「我不能代表戴維，因為他是個發明家，很可惜，他只活了五十一歲。他的精力實在消耗得太快了，我想我們會比他活得長久些，因為我們都很懂得珍惜自己。而且接下來我們要做的研究，都是戴維已經做過的事，如今只是由我們加以驗證和觀察罷了。」

後來，法拉第還對他的助手們說：「戴維是個天才，他的鬥志比較我強，他先行創造了之後，再由我來將他創造出來的事情徹底執行。」

法拉第在一八三一年發現了電磁感應，這項發現開啓了他的人生巔峰，從此大名遍揚世界，一些誘人的建議與利益也紛紛出現，但是，法拉第始終只接受皇家學院的年薪。

當時，首相梅爾本原本想從王室的年俸中，撥一筆三百英鎊的養老金給他，但是法拉第卻拒絕了。總之，法拉第會拒絕任何形式的兼職工作，並嚴格地挑選人們的邀約，因爲他只想把自己的精力全都用於實驗研究中。

法拉第曾經對妻子說：「上帝把驕矜交給了誰，那就是上帝要誰死的時候。我的父親只是個鐵匠的助手，我的手足都只是個手工藝人，而我爲了讀書，努力當個書店的學徒，我的名字叫作麥克爾．法拉第，將來在我的墓碑上只需要刻下這個名字就夠了！」

「處事平淡，待人謙虛，凡事只求盡力。」這是法拉第在故事中的寫照，也是他自在生命的生活方式。

正因爲法拉第不理睬名聲的建立與否，也不多加理會利益是否合乎心意，一切只求無愧己心就夠了，對於其他則不強求，所以失敗了他能坦然面對，成功了也不會激烈喜樂。

對他來說，能平心靜氣地面對人生中的起起伏伏，然後擁有長壽與健康的人生，這些才是他一輩子的生活重心與重點。

這是法拉第平淡人生的態度，只是看似平淡卻是不凡，因爲沒有多少人能達到這樣的境地。那麼，只是小人物的我們，面對得失時，情緒有需要那麼起伏動盪嗎？甚至是無法平心靜氣地面對與看淡呢？

當法拉第對妻子說出，墓碑上只留名字，不必多加其他字辭時，我們看見了他的人生訓示：「人生不長也不短，快樂健康最重要，富貴名利要看淡，自在生活才享受。」

別人的意見不要照單全收

不要期待人們的指引，因為那是他們所踩踏的路，並不屬於我們，自己的路就在我們自己的腳下。

別再等著人們的關愛眼神，也別再期待人們的明白指引。因爲，不管他人怎麼引導，那始終都是別人的人生方向，既不適用，也不一定合乎我們的未來希望。

有位年輕的戲劇創作者來拜訪契訶夫，從包包裡拿出了一個劇本，接著便

對契訶夫說：「我想請您幫一個忙，看看我剛新完成的劇本有沒有什麼問題，或是談談您的意見。」

「好！」契訶夫接過本子認真地看了起來。

劇中，有一場是寫著女工程師與技術員在辦公室內談話的戲，契訶夫指著這場戲問：「能不能將這場戲改在車間呢？這樣應該會更加精采。」

年輕人一聽，連忙點頭說：「好！」

年輕人掩不住滿臉興奮的神情，只因爲大師當面提出修改意見。

契訶夫讀了一會後，又問年輕人：「那讓他們坐在公園裡的長椅上，你認爲可行嗎？」

年輕人仍然說：「行！當然行！」

但是，契訶夫忽然皺了一下眉頭說：「或者改在湖面的小艇上呢？」

年輕人一聽竟高興地跳了起來，連忙說道：「好啊！坐在小艇上更美，我馬上就改過來。」

這時，契訶夫嚴肅地說：「那麼……不如請你將這場戲全部刪了。」

原本樂不可支的年輕人聽見大師這句話，像似當場被澆了一盆冷水，一時間呆立站在那兒，不知所措。

只見契訶夫搖了搖頭說：「每一場戲都應該是不可移動的組合，就像人的眼睛一般，沒有人能任意挪動。至於你這場戲，既可以改在公園內，又可以改到小艇上，那只說明了一件事，那就是這場戲根本是不必要的。」

年輕人一聽，頓時臉都紅了，羞愧地說：「我明白了！」

後來，在契訶夫的悉心指導下，這位年輕的劇作家終於寫出了一個又一個屬於他自己的成功劇本。

可以聆聽別人的意見，但是，千萬不能照單全收，我們要有自己的思辨能力，在傾聽批評並修正自己的錯誤時，也能發現批評裡的對錯，才不致於錯聽批評，導致一錯再錯。

記得宗教哲思大家戈齊福曾說：「凡事要以我為中心，而不是以他人為中

心。活在他人的期待中，將走不出自己的路。」

大多數的人都習慣在「被注意」或「被要求」的狀況中發現或修正自己，只是這一切都是「被動的狀態」，在這樣慣性的被動認知中，我們總是忽略了「自己的感受」，也遺漏了「自己的希望」。

一如故事中的旨意：「你知道你想要的是什麼，然後你才能從我們的看見中，再次看見你真正想要的東西，如果一味地聽從別人的指引，卻不相信自己，那麼你又怎麼可能創造出真正屬於自己的天空呢？」

不要期待人們的指引，因爲那是他們所踩踏的路，並不屬於我們，自己的路就在我們自己的腳下，一抬頭，我們便能看見未來的目標。

現實始終敵不過堅持

人生必需要有一些堅持，對糾正錯誤的堅持、對追求完美的堅持，對人生負責的堅持。

當我們看見創作者，因爲太過堅持作品的呈現，或寧願讓一切重新來過，只爲了交出別人一點也看不見污點的作品時，我們確實也看見創作者對自己作品的負責與使命感。

巴爾札克曾經爲《巴黎雜誌》的創刊號寫了一篇短篇小說，但是在交稿前，

爲了其中一個人物的名字而苦惱不已，爲了替這個角色取一個恰當的名字，竟想了六個多月都還沒有找到結果。

後來，他寫了封信給戈日朗，約他在次日下午到香榭大街，陪他一起從招牌上找尋「理想的名字」。

第二天下午，忽然下起了綿綿細雨，巴爾札克和戈日朗一前一後，邊走邊看。一個下午，他們走過了一條又一條的街道，但巴爾札克對於戈日朗挑選的名字卻全都拒絕了，這讓戈日朗很生氣。

他忍不住停下了腳步對巴爾札克說：「我拜託你一件事，你一定要答應我走到布洛瓦路就好了，然後，我們就到雅爾第去吃晚餐，好嗎？」

巴爾札克冷冷地看了看朋友一眼，卻沒有答應朋友的請求，逕自繼續前進。忽然，巴爾札克指著路旁一扇歪歪斜斜且窄小破舊的門，並大聲喊道：「有了，戈日朗你唸唸看啊！」

戈日朗看著破舊的招牌，唸著：「馬卡？」

「對！馬卡！」巴爾札克手舞足蹈地重複著「馬卡」這個名字，接著他便

拉著戈日朗走進雅爾第飯店裡去，好好地享受一頓。

巴爾札克其實曾有一段艱苦的生活，這也讓他非常在乎稿費的多寡。

特別是在他負債六萬多法郎以後，對金錢上的渴求更是強烈。有人說，他是爲了儘快擺脫經濟上的困境，所以集中心思和精力完成他的寫作計劃。也曾有人把他視爲一個爲了金錢而寫作的作家，但是這個看法確實有失偏頗，因爲他絕不會爲了金錢，而放棄他在工作上所堅持的嚴謹態度。

就像他準備出版的《人間喜劇》，當時出版商都知道，巴爾札克經常在校對樣稿時做大幅度的修改，所以他們與巴爾札克簽下了一個規定，那便是：每一頁校對修改的費用不得超過五法郎，凡是超過部分都必須由作者自負。每個人都知道，巴爾札克很愛錢，但是這部作品最後卻讓巴爾札克多付出了五千二百二十四法郎的修改費用。

這是巴爾札克創作的堅持，寧願賠錢也不願放棄修正，從中可以看出他的

創作態度是嚴肅的。

其實，不管外在環境如何現實，大多數的創作者都無懼於現實的考驗，因為對他們來說，創作的最大樂趣不在於金錢的估價高低，而是他們能否將自己領悟到的生命啓示，正確無誤地表現在自己的作品上。

所以，我們會看見巴爾札克為人物命名的小心與堅持，也看見像朱銘艱辛卻無悔的雕刻世界，更聽見李安導演辛苦完成後卻又捨棄劇本的經過。

在他們身上我們會發現一個共同的特點，那便是：「人生必需要有一些堅持，對糾正錯誤的堅持、對追求完美的堅持，對人生負責的堅持，這些是成就人生的重要方式，更是讓人生無悔的唯一方法。」

10.

PART

唯唯諾諾只會喪失自我

只會唯唯諾諾的人，
很多時候只在意自己的私利，
甚至也常常會為了一己之私，
而犧牲大多數人的利益。

心情樂觀就能渡過難關

二十世紀最偉大的發明家愛迪生曾說：「不管環境變換到何種地步，我的初衷與希望仍不會有絲毫的改變。」

從心理學的角度而言，對事情感到絕望與對令人絕望的狀況有所了解，是兩種完全不同的心理狀態。後者是客觀地認識自己所處的情勢，至於前者，則是無法客觀地審視自己的處境。

所以，當我們感到絕望時，只要能設法弄清楚局勢，不但能使心情樂觀，還可以讓自己走出絕望之外。

第二次世界大戰爆發前，國際政治局勢充滿濃烈的火藥味。

由於戰爭已經到了一觸即發的局勢，有位英國政府官員驚慌地對首相邱吉爾說：「我認爲事情已經到了完全絕望的地步。」

邱吉爾聽完卻若無其事說：「不錯，是已經到了無以復加的絕望地步。」接著又說：「不過，面對這樣緊張的局面，我覺得自己似乎年輕了二十歲。」

許多人陷入絕望狀態時，總是想辦法逃避，但邱吉爾卻選擇面對、接受，即便再絕望的情況，他也能用樂觀的心情加以面對，讓自己充滿奮鬥精神。

二次世界大戰結束後，邱吉爾的生活由絢爛歸於平靜，有一次他應邀到劍橋大學爲畢業生致辭。

那天，他坐在貴賓席上，頭戴一頂高帽，手持雪茄，一副優游自在的樣子。

經過隆重的介紹之後，邱吉爾走上講台，兩手抓住講台，認眞地注視著觀衆不發一語，大約有二分鐘之久。然後，他才開口說：「永遠，永遠，永遠不

要放棄！」接著又是一陣靜默，然後他又再一次大聲重複說：「永遠，永遠，不要放棄！」

這是歷史上最簡短的一次演講，也是邱吉爾最膾炙人口的一次演講，不過，這些都不是重點，重要的是你聽進邱吉爾的忠告了嗎？

做任何事一旦半途而廢，不管你前面付出了多少，立刻都會化成一陣白煙消失不見，經不起任何風吹雨打及考驗的人，根本別想獲得勝利。當你聽到邱吉爾的這番話時，你能感受他的力量，從而給自己一點堅持的勇氣嗎？

二十世紀最偉大的發明家愛迪生曾說：「不管環境變換到何種地步，我的初衷與希望仍不會有絲毫的改變。」

只要你記得，不到最後關頭絕不言放棄，堅持不懈的努力，你才會獲得人生中最美味的果實。

存好心，能為你化解惡運

當你感慨「好心沒好報」時，不妨換個角度來想：你的好心雖然沒有為你帶來好運，但或許已經為你擋掉了不少惡運！

其實，我們不需要去想做了好事會不會有好報，因爲如果你是一個好人，你怎麼能忍心看著那些需要幫助的人，冷漠地擦身而過？

當你感慨人情反覆、好心沒好報時，不妨用更寬闊的胸襟，換個角度想想。

第二次世界大戰打得如火如荼之時，歐洲盟軍最高統帥艾森豪將軍乘車回

總部參加緊急軍事會議。

半路上，艾森豪將軍看見有一對法國老夫婦坐在路邊，凍得渾身發抖，立即命令身旁的翻譯官下車去慰問。

一位參謀急忙提醒他說：「開會時間快到了，這種小事還是交給當地的警方處理吧！」

然而，艾森豪將軍卻堅持說：「現在戶外的氣溫這麼低，而且還飄著雪，要是等警方趕到，這對老夫婦可能早就凍死了！」

原來，這對老夫婦正打算要到巴黎投奔兒子，不料半途車子拋錨了，不知該如何是好，只好坐在路邊等待救援。

艾森豪將軍了解狀況以後，立刻請他們上車，特地繞路將這對老夫婦送到他們兒子的家，才又匆匆忙忙趕回總部。

雖然對艾森豪將軍來說，那只不過是件不足掛齒的小事，但是他的善行卻得到了極大的回報，而且，回報他的人不是那對老夫婦，而是老天爺。

原來，那天德國早已安排了狙擊手埋伏在艾森豪回總部必經之路上，只要

等他的車子一經過，敵軍就會展開暗殺行動。如果不是艾森豪將軍爲了幫助那對老夫婦而改變了行車路線，恐怕很難逃過這一劫。

幫助需要幫助的人，是好人的義務，也是好人的天性。有時候，即使明知道幫助別人可能會惹禍上身，但是這些滿腔熱血的好人仍然會本著「寧可錯幫一百，也不願漏掉一個」的精神，慷慨地奉獻自己的力量。

不要問自己「爲什麼要幫助別人」，要問自己「爲什麼不幫助別人」。

當你感慨「好心沒好報」之時，不妨換個角度想想：你的好心雖然沒有爲你帶來好運，但或許已經爲你擋掉了不少惡運也不一定啊！

只要有決心，就一定能美夢成真

美夢破碎了又如何？人生的旅程仍得繼續前進，即使再回到原點又如何？你怎麼知道，這說不定是我們夢想人生的開始？

沒有決心的人，很容易陷入三心兩意的迷霧中，儘管他的理想構築得相當健全且完美，但終究只會流於一場紙上談兵的空談。

在美國，有個名叫雷克洛的人，在他出生的那一年，正是西部淘金熱結束的時期，一個原本可以讓他發財的時代就這麼與他擦肩而過。

原本，雷克洛可以順利地在讀完中學後，繼續升上大學。

但是，一九三一年忽然爆發了美國經濟大蕭條，讓雷克洛頓時跌入貧困生活中，也失去了繼續求學的機會。

被迫休學的他，不久後，開始四處打工，一直到接觸了房地產業後，他才下定決心，要好好地闖出一番作爲。

只是好不容易才建立的決心，卻遭逢第二次世界大戰的戰火，企圖心一下子被烽火煙薰得迷失了方向，戰爭讓房價急轉直下，雷克洛付出的心血硬生生地化成灰燼。

但沒有就此放棄自己的雷克洛，再次回到了「打工謀生」的生活中，從救護車司機到鋼琴演奏者，甚至連攪拌器推銷員也嘗試過。

就這樣，幾十年過去了。在不斷迎面而來的逆境和不幸中，雷克洛堅強地面對命運的捉弄，雖然遭遇的挫折未曾間斷，但他的生命熱情從未消滅，反而更加積極地執著追求。

直到一九五五年，他才又回到了老家，變賣掉家裡微薄的產業，開始投資

做些小生意。

有一天，雷克洛發現，麥當勞兄弟開的快速餐廳生意非常好。

於是，他慢慢地研究觀察他們的經營方式與這方面的市場，最後得到結論，餐飲事業是一個相當具有潛力的行業。

於是，已經五十二歲的雷克洛，決心投入餐飲行列，雖然一切得從頭開始，但是他一點也不在意，甚至還到麥當勞餐廳打工，學習製作漢堡的技巧。

當他聽說麥氏兄弟有意讓出這間餐廳時，雷克洛竟毫不猶豫地借了二百七十萬美元將它買下。

經過了幾十年的苦心經營，如今「麥當勞」已經成爲全球最大的漢堡速食公司，國內外擁有一萬多家連鎖分店，據統計，全世界每天光顧麥當勞的人至少有一千八百萬人次呢！

查爾斯．曼茲博士曾經說過：「用全新的角度看待生活，任何事情都會有

轉機。只要我們能從細微之處發現不平凡的東西，表面上的失敗就能轉化為現實的成功。」

確實如此，只要改變心情，就能美夢成眞。

沒有被命運擊倒的雷克洛，一再地從跌倒中站起來，堅強的生命活力一再地展示著：「美夢破碎了又如何？人生的旅程仍得繼續前進，即使再回到原點又如何？你怎麼知道，這說不定是我們夢想人生的另一個開始？也許是成功的關鍵所在呢！」

雖然逆流而上非常艱辛，只要你有決心，只要生命的熱情未減，再頑強的逆境也阻擋不了我們的前進力量。

只要你的企圖心不變，只要你的生活動力未失，那麼下一個創造「麥當勞」奇蹟的人，肯定是你。

真正的富有不一定要擁有

能坦蕩選擇人生路的人，才能快樂前進，或許要面對慾望並克服它，不是件容易的事，但慾念始終都操控在你的心中。

每一個人在衡量價值的時候，原本就會有不同的定義和評量角度，但是最基本的平衡點，應該是在「問心無愧」的基礎上。

第二次世界大戰前，小柯家是城中唯一沒有汽車的家庭，面對這樣的苦況，母親常常安慰家人：「一個人有了骨氣，就等於擁有了一大筆財富，只要

我們在生活中懷抱著一線希望，那麼我們便擁有了一大筆精神財富。」

或許是受到小柯的母親所感動，老天爺竟在幾個星期之後，送來了一輛嶄新的汽車。當擴音器裡大叫著小柯父親的名字時，小柯欣喜若狂地說：「我們終於有車了！」

當小柯開心地看著父親時，卻發現他似乎不太高興。

小柯輕聲地問母親：「爸爸怎麼了？」

母親平靜地說：「因爲，爸爸正在思考一個道德問題，我們先耐心地等待他的答案吧！」

小柯不解地問：「爲什麼我們中了彩票是不道德的呢？」

只見母親笑著說：「因爲，這汽車根本不屬於我們的！」

小柯一聽見母親這麼說，大聲抗議道：「誰說的！剛剛他們明明說出父親的名字啊！」

「孩子，你過來。」母親溫柔地召喚他，接著將手上的兩張彩票放在檯燈下，一張號碼是三四八，一張是三四九，而中獎號碼是三四八。

母親說：「你看，這兩張彩票有什麼不同？我看了好幾遍，終於看到彩票的一角上有用鉛筆寫的字，這個K代表凱特立克先生。」

「吉米．凱特立克，爸爸交易所的老闆？」小柯似乎越聽越迷糊了。

「對。」母親仔細把前因後果說了一遍。

原來，小柯的父親當初幫吉米也買了一張彩票，但還沒有送去給吉米。

如今，他原本選定的那張彩票沒有被抽中，反倒是吉米的抽中，再仔細一看，吉米的那一張似乎有被輕輕擦過的痕跡，上面則覆著淡淡的鉛筆印。

小柯心想，這有什麼關係，反正他又不知道，更何況吉米還是個百萬富翁，家裡原本就擁有了十幾輛汽車，他一定不會在意這輛車子。

「媽咪，這車子應該歸爸爸啦！」小柯激動地說。

但是，母親仍淡淡地說：「你爸爸知道該怎麼做。」

不久，他們聽見父親進門的腳步聲，接著又聽到他在撥電話的聲音。

第二天下午，凱特立克的兩個司機來到小柯的家，還送來了一盒昂貴的雪茄，接著便把車子開走了。

直到小柯成年，並靠著自己的力量擁有了一輛車子後，他經常想起母親的那句話：「一個人有骨氣，就等於有了一大筆財富。」他說：「我知道，當父親打電話給吉米時，當時確實是我們家最富有的時候。」

對於小柯的母親所說的，「一個擁有骨氣的人，已經是最富有的人了」，相信沒有人會對它提出質疑，畢竟巧取豪奪而來的成就，原本就不是件光明的事，心中自然會產生陰影。一顆心無法感到安穩，生活又怎麼可能會感到安樂、富足呢？

眞正的富有眞的不必要擁有，分享快樂與佔有快樂的最大差別在於，前者是由兩個以上的人所組成，而我們是享受在快樂的大環境中；而後者的快樂則僅止於一個人，甚至這份快樂是不能展露出來的，這樣孤獨的快樂想必是種痛苦。能坦蕩選擇人生路的人，才能快樂前進，或許要面對慾望並克服它，不是件容易的事，但再強勢的慾念始終都操控在你的心中，只要你願意抵抗。

堅持原則才能顯現特色

一個人的成敗經常決定於他的性格與態度，而一個人的性格與態度也必定會具體地反映在他事業經營的大方向上。

儘管你決然地告訴自己：「我一定要堅持我的原則，絕不妥協！」然而，當主管的臭臉一擺，或朋友、同事們的嘲諷聲一起發出，你所堅持的原則還有多少力量能繼續支持下去呢？

那年，羅斯恰爾來到了耶路撒冷，開了一家名叫「芬克斯」的酒吧，在這

間只有三十平方米的小酒吧裡，幾乎是天天客滿。

有一天，羅斯恰爾接到了一通電話，話筒中傳來的是個十分委婉的聲音，對方說：「對不起，我和我的十位隨從今晚想到您的酒吧中休息，可否請謝絕其他顧客進場？」

羅斯恰爾一聽，毫不猶豫地拒絕道：「嗯，你們可以來，但是我不會謝絕其他顧客，因爲那是他們的權利。」

電話那頭的人，聽見酒吧老闆毫不通情地拒絕，只好說出了自己的身分：「對不起，其實我是出訪中東的美國國務卿季辛吉。」

當季辛吉說出自己的身分時有點後悔，因爲他原本沒有計劃要到酒吧裡玩，然而就在他中東議程即將結束時，友人向他力薦這間「芬克斯」酒吧，這才讓他充滿了好奇。

只是這樣神秘而特殊的身分，對羅斯恰爾根本起不了任何作用，他仍然禮貌地回答季辛吉：「謝謝您垂愛本店，本人深感榮幸，但是，我實在不能因爲您的緣故，而將其他的人拒絕於門外，總之，這樣不合情理的事，我實在辦不

到。」

季辛吉一聽，感覺面子似乎有些掛不住，便立即生氣地掛掉電話了。

第二天傍晚，羅斯恰爾又接到了季辛吉的電話。電話中，他先是對自己昨天掛電話的舉動表示道歉，接著還說：「我這次只帶三個人，且只訂一桌，你不必謝絕其他客人，這樣應該沒問題了吧！」

沒想到羅斯恰爾竟這麼說：「非常感謝您的鍾愛，但是，我還是無法滿足您的要求耶！」

季辛吉口氣不佳地問：「爲什麼？」

羅斯恰爾說：「對不起，因爲明天是星期六，是本店的例休假日。」

爲了美食，季辛吉壓抑住情緒，客氣地說：「但是，我後天就回美國了，您能否破例一次呢？」

沒想到，羅斯恰爾仍堅定地說；「對不起，因爲我是個猶太人，您是知道的，禮拜六對猶太人來說，是個相當神聖的日子，如果這天我破例營業，那會玷污了神祇。」

季辛吉一聽，無奈地說：「那好吧！」接著便掛斷電話了，從此他始終都未踏進這間小酒吧一步。

看完這個故事，也許有很多人會感到好奇，這樣的服務態度，怎麼會是間好店家呢？

事實上，這間小酒吧確實相當著名，因爲美國的《新聞周刊》在評選世界最佳酒吧時，芬克斯酒吧連續好幾年都被選入爲世界最佳酒吧前十五名。或許是季辛吉沒有口福，然而一間只有三十平方米的小酒吧，竟然能名列世界酒吧中的前十五名，其中的原因或者已不言而喻。

你覺得芬克斯酒吧出名的原因是什麼？

因爲老闆拒絕了鼎鼎大名的季辛吉？還是因爲老闆是個猶太人？又或者是因爲老闆的「堅守原則」？

無論你認爲答案是哪一個，我們從經營者的性格角度來看，羅斯恰爾可說

充分地展現了他的「執著」與「不妥協」性格，這些讓我們相信，他在經營酒吧時，必定能謹守他的「責任」與「理念」。

一個小小的堅持，不僅代表著他經營酒吧的態度，也更表現他在品管上的踏實和品質保證。一個人的成敗經常決定於他的性格與態度，而一個人的性格與態度也必定會具體地反映在他事業經營的大方向上。

於是，當我們肯定著羅斯恰爾的成功時，是否也可以問一問自己，如果相同的事發生在我們身上，自己會像羅斯恰爾一樣堅持到底，還是屈服於季辛吉的名號，又或是有其他更好的解決方法呢？

唯唯諾諾只會喪失自我

只會唯唯諾諾的人，很多時候只在意自己的私利，甚至也常常會為了一己之私，而犧牲大多數人的利益。

只要我們能堅守自己心中那把公正的尺，即使身處在灰暗或不公平的競爭環境中，也一定能看見公理正義的支持力量。

有個城市公開招聘市長助理，其中有個很重要的條件是：「限男人！」

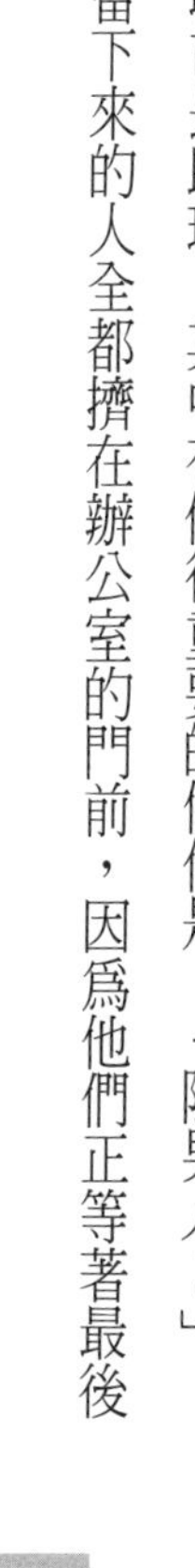

那天，被篩選後留下來的人全都擠在辦公室的門前，因爲他們正等著最後

一關的考試，即由市長本人親自面試。

第一個男子出現時，一頭的金髮襯著魁梧的身材，看起來很是強壯，而市長帶著他來到一個房間中。

沒想到房間的地板上竟撒滿了碎玻璃，讓人看了心驚膽顫，忽然，市長以十分威嚴的口氣說：「脫下你的鞋子！到那張桌子底下取出一份登記表，並填好交給我！」

男人一聽，連忙將鞋子脫掉，接著輕輕地踩著尖銳的碎玻璃，迅速地取出了登記表填好後再交給了市長。

滿臉痛苦的他，爲了讓市長留下好印象，強忍著情緒，鎮定自若等待市長的下一步指示。這時，市長僅指了指大廳說：「你可以到外等候。」

接著，市長帶著第二個男人來到另一間房門前，但是這間房間卻被鎖住了。只見市長冷冷地說：「這裡面有一張桌子，桌子上放著一張登記表，你想法子進去後，再將登記表填好後給我！」

男人發現門是鎖著的，忍不住回頭看了看市長，沒想到市長竟大聲道：

「不會用腦袋把門撞開啊！」

聽見市長這麼斥責，男子竟二話不說，奮力一撞。第一次沒有成功，接下來他猛力地撞了足足有半個小時，雖然門已經開了，可是頭也撞出了一個小傷口，更別提身上又青又紫的皮肉傷了。

男子乖乖地拿出了表格，認真地塡好交給了市長，市長仍然冷冷地對他說：「你可以去大廳等了。」

就這樣，一個又一個身強體壯的男人，全都用自己的意志和勇氣配合市長的要求，希望能獲得市長的肯定。

但是，市長對於他們的表現似乎相當不滿意，臉部表情顯得相當凝重。

最後一個男人走了進來，市長指著一個瘦弱的老人說：「他手裡有一張登記表，你去把它拿過來，並仔細塡好後交給我！不過，你要注意一件事，他並不會輕易給你，所以，你必須用拳頭將他擊倒。」

男人一聽，原本冷靜的目光忽地變得相當嚴肅，他不解地問：「爲什麼？你能不能給我一個合理的行動理由？」

只見市長冷靜地說：「不爲什麼，這是命令！」

男子一聽，氣憤地說：「你不會是瘋了吧！我憑什麼打他？何況他還是個瘦弱的老人家！」

市長不以爲然地看著他，接著又帶他分別到有碎玻璃或被鎖緊的房間中，同樣都被他反對。面對男子一再地拒絕執行的情況，市長忍不住對他大發雷霆，而男人見市長竟如此蠻不講理，氣憤地轉身就走。

這時市長忽然叫住了他，接著也把其他面試的人都召集在一起，並指著最後面試的男子說：「他被錄取了。」

這時，現場一陣不滿的騷動聲起，因爲其他人幾乎都是撫著瘀傷等待，卻見這個人竟一點傷都沒有，紛紛不服氣地質問：「爲什麼？」

市長笑著說：「因爲你們不是眞正的男人！」

市長這句話一出口，每個人無不大聲抗議著：「誰說的，爲什麼？」

市長嚴肅地說：「眞正的男人懂得反抗，只會爲正義和眞理付出貢獻，而不願意當個唯命是從的人，更不會爲了巴結上司而做出無謂的犧牲。」

故事中要求的「眞正男人」，仔細看完後，或者你也發現到，那根本無關性別，市長眞正要求的，其實是助理要能有獨立的處理能力，以及能辨是非的判斷能力，而不是一個只會應聲的哈巴狗。

只會唯唯諾諾的人，很多時候只在意自己的私利，也常常會爲了一己之私，犧牲大多數人的利益。只是，他們沒有發現，當自己做出了枉顧衆利的行爲時，其實他也失去了自己的未來。

沒有人想當別人的炮灰，要是違背自己的心意，去做連自己都不想做的事，那不僅不會讓我們得到想要的結果，甚至連起碼的自保都將喪失。

適度地表達反對意見，誠心地闡述自己的獨立思考，如此我們才能與人有效地進行溝通，也才能讓每件事都能獲得最完美的解決。

讓「一小時」發揮最高的價值

多數人在計算行動時間時，總是以一天只花了多少小時來計算，卻忽略了「一個月的一天一小時」所累積出來的時間。

生活中，每件事都可以從許多面向來看待，只要能刺激我們的行動決心與執行的信心，無論正反，不妨多元應用。

奮鬥了大半人生的威爾福萊特，如今已是紡織業界的巨頭之一，平常工作十分繁忙的他，卻不時地說：「我要發展自己的興趣與愛好。」

有人好奇地問他，想發展什麼樣的興趣，他說：「一直以來，我很想學習畫畫，雖然我從未學過油畫，也不知道自己要花多少工夫才能學成，但是，我相信，只要我肯用心學習，就一定看得見成績。」

威爾福萊特向老師保證：「我既然要學了，就會盡全力學習，無論我工作多麼忙，每天都一定會抽出一小時來畫畫。」

只是，每天從早忙到晚的威爾福萊特，還有多少時間能練習呢？

威爾福萊特對朋友們這麼說：「只要減少一小時睡眠的時間就有了，為了保證這一小時不會受到任何干擾，我認為，每天清晨五點到六點這段時間，是最佳時間。」

聽見威爾福萊要特犧牲睡眠時間，家人們無不心疼地說：「為什麼要讓自己那麼辛苦呢？」

威爾福萊特反倒是笑著說：「怎麼會辛苦呢？那一點也不算苦啊！當我一決定每天要在這一個小時裡學畫畫，你們知道嗎？每天清晨的這個時候，我的渴望和追求慾望便會把我喚醒，根本一點睡意都沒有了。」

幾年下來，威爾福萊特從來沒有一天間斷，即使再累也從未賴過一次床，他語氣堅定地說：「決定了，我就不會放過這一小時。」

不久，威爾福萊特收到了一個意外的通知，原來是某畫廊看中他的作品，特別邀請他參展。

這樣的機會，對他來說，無疑是一種肯定與鼓勵。

在此之後，威爾福萊特爲自己舉辦了好幾場的個人畫展，其中有幾百幅畫作還被高價買走。

於是，他把這累積好幾個一小時所完成的畫作所得全數捐出，他說：「對我來說，這些錢並不算什麼，那只是我的一點點小收穫。我眞正在意的，是從繪畫的過程中獲得的快樂和成就，這些才是最重要的。」

一個小時能做些什麼事？一分鐘能完成多少目標？

多數人在計算行動時間時，總是以一天只花了多少小時來計算，卻忽略了

「一個月的一天一小時」所累積出來的時間。

看見威爾福萊特的繪畫成就，我們當然不能以「一天一小時」來估算，而是要從他花費了好幾年的一天一小時來計算，經過仔細累計之後，相信我們也看見了威爾福萊特成功的必然性。

爲了增加行動力，我們可以告訴自己：「一天只有一個小時而已！」

爲了增加自信心，我們要告訴自己：「一天一個小時累積下來，我也走了不少路，那距離成功的目標肯定也會越來越近！」

越不如意，越要管好情緒

作　　者　文蔚然
社　　長　陳維都
藝術總監　黃聖文
編輯總監　王郡凌
出 版 者　普天出版家族有限公司
新北市汐止區忠二街 6 巷 15 號
TEL / (02) 26435033 (代表號)
FAX / (02) 26486465
E-mail：asia.books@msa.hinet.net
http://www.popu.com.tw/
郵政劃撥 19091443 陳維都帳戶
總 經 銷　旭昇圖書有限公司
新北市中和區中山路二段 352 號 2F
TEL / (02) 22451480 (代表號)
FAX / (02) 22451479
E-mail：s1686688@ms31.hinet.net
法律顧問　西華律師事務所・黃憲男律師
電腦排版　巨新電腦排版有限公司
印製裝訂　久裕印刷事業有限公司
出 版 日　2023 年 1 月第 1 版
I S B N◎978-986-389-852-8　　條碼 9789863898528
Copyright©2023
Printed in Taiwan, 2023 All Rights Reserved

■ 敬告：
本書著作權受著作權法保護，任何形式之侵權行為均屬違法，一經查獲絕不寬貸。

國家圖書館出版品預行編目資料

越不如意，越要管好情緒／
文蔚然著.—第 1 版.—：新北市,普天出版
2023.1 面； 公分. - (生活良品；64)
I S B N◎978-986-389-852-8 (平裝)

生活良品
64

普天之下・盡是好書
普天出版家族
Popular Press Family
凌雲
A-Plus Creative Company
文創